Free Ebrei – Documenti 8

I lettori che desiderano

informazioni sui volumi

pubblicati dall'autore

possono rivolgersi direttamente a:

Vincenzo Pinto

vincenzo@freeebrei.com

Visitateci sulla nostra rivista web "Free Ebrei":

www.freeebrei.com

Vincenzo Pinto

Allegoria del demonico

Julius Langbehn interprete delle figure alate

nell'arte greca arcaica

II edizione, dicembre 2017

© 2017 Free Ebrei, Torino

ISBN 978-1981724734

Indice del volume

Introduzione

Tutti i prodotti dell'arte figurativa greca possono essere suddivisi in rappresentazioni reali e ideali, a seconda del contenuto materiale. Le prime rappresentazioni intendono mostrare la sfera reale, le seconde quella sovrasensibile. Le rappresentazioni ideali si suddividono, a loro volta, in due generi importanti e specifici: i tipi sorti dall'approfondimento spirituale interiore e quelli sorti da una trasformazione esteriore e arbitraria. Al primo genere appartengono essenzialmente le figure delle principali divinità, al secondo tutte le formazioni artistiche ibride. Le prime possiamo chiamarle esseri etici, le seconde esseri fantastici. Il principio strutturale degli esseri fantastici andò incontro a un'applicazione variegata nella pratica artistica. Da una parte, infatti, si è cercato di unire due organismi in modo "paritetico", come nei centauri e nei tritoni; dall'altra si sono inserite parti accessorie dell'organismo di un animale in quello di un altro, come nel caso del minotauro o del toro dalla testa umana (divinità fluviale); dall'altra ancora, si è lasciato immutato un organismo, accrescendolo con la parte di un altro, applicando per esempio ali, corna ecc. a una figura umana (maschile o femminile). Qui intendiamo occuparci di un genere particolare di creazione ibrida: gli esseri alati.

Con questa espressione s'intendono quelle figure del mondo artistico greco che derivano del tutto o in parte dalla realtà, ma che indossano le ali in modo innaturale. Per questa ragione, esse appartengono necessariamente all'ambito ideale, più precisamente a quello fantastico. Sarà compito di questa monografia assegnar loro una posizione corretta all'interno di tale ambito ricostruendone, da una parte, l'origine e, dall'altra, il percorso evolutivo. È ovvio che una rappresentazione esaustiva e una valutazione complessiva del materiale a disposizione vanno ben oltre i limiti del nostro lavoro. Dobbiamo limitarci, quindi, a documentare l'impiego dell'attributo delle ali in una serie di tipi artistici e a trarne le dovute conclusioni storico-artistiche. Innanzitutto, se otterremo un certo numero di punti di riferimento precisi, sarà possibile individuare gruppi specifici di esseri alati dell'arte greca in base al legame reciproco, che poi, eventualmente, potremo subordinare a un punto di vista particolare. Questo è assolutamente fondamentale per stabilire la posizione degli esseri alati nell'arte greca.

La letteratura sugli esseri alati non è molto abbondante, salvo sporadiche osservazioni contenute in alcune monografie. Il primo tentativo fu compiuto da Winckelmann[1]. La sua tesi che, in origine, i greci ritenessero alati tutti gli dèi, si è dimostrata insostenibile; ma si spiega sulla base dello stato incompleto della conoscenza monumentale della sua epoca. Il tema fu affrontato per la prima volta più da vicino in un saggio di Welcker sulle opere postume di Zoëga[2]. La sua suddivisione fra un attributo delle ali "necessario" e uno "casuale" non può reggere alla critica odierna. Un vecchio lavoro di Döring[3] s'interessa poco dell'aspetto monumentale del problema, così come la doviziosa discussione di Voss, all'epoca occasione di qualche polemica[4]. Tutto questo accadde prima che, anche solo in parte grazie a Gerhard, lo stadio successivo della ricerca sottoponesse le principali opere in questione a una discussione generale.

Gerhard[5] sottolinea, a ragione, il legame di alcuni esseri alati greci con l'Oriente (specialmente di quelli arcaici); ma non applica il suo pensiero ai monumenti. Essi, però, non erano ancora disponibili in maniera esaustiva come lo sono oggi (il saggio risale al 1839) e, quindi, era difficile fornire una solida base documentaria alla sua opinione. Inoltre, Gerhard distingue chiaramente le formazioni demoniche più antiche da quelle concettuali più tarde e ipotizza che il tipo di Eros sia alla base delle figure alate virili, mentre quello di Nike alla base delle figure

---

[1] J.J. Winckelmann, *Monumenti antichi inediti*, seconda edizione, Roma, Mordacchini, 1821, Vol. I, pp. 2-3.

[2] G. Zoëga, *Über die geflügelten Gottheiten*, in "Rheinisches Museum für Philologie", VI, 1839, pp. 579 ss., ristampato in F.G. Welcker, *Kleine Schriften*, Bonn-Osnabrück, Zeller, 1867, vol. V, pp. 189 ss.

[3] *De alatis imaginibus apud veteres*, in *F.G. Doeringi commentationes etc.*, Gotha, Wüstemann, 1876, pp. 52-85.

[4] J.H. Voss, *Mythologische Briefe*, Stuttgart, Metzler, 1834, voll. 1-2.

[5] E. Gerhard, *Über die Flügelgestalten der alten Kunst*, in id., *Gesammelte akademische Abhandlungen und kleine Schriften*, Berlin, Reimer, 1866, vol. I, pp. 157 ss.

femminili della fioritura greca: un'ipotesi, questa, che, se anche non confermata dai monumenti, appare degna di essere presa in considerazione. In sintesi, Gerhard enumera solo tesi generali e cerca di fondarle accostando qua e là singoli monumenti, come se volesse stabilire una genesi degli esseri alati partendo dalla massa di quelli più tardi. Mancano ancora una chiara distinzione e una classificazione dei casi particolari. Sembra che lo studioso si sforzi di suggerire, non di esplicitare le questioni più importanti.

Il tema dell'attributo delle ali non è stato più sottoposto a una trattazione scientifica. Di contro, il numero dei monumenti a nostra disposizione, così come le ricerche dettagliate, si è accresciuto in maniera significativa negli ultimi quarant'anni. Oggi si avverte maggiormente l'esigenza di ordinare nuovamente tutto il materiale archeologico. E, a dire il vero, consultando soprattutto i monumenti; il lato mitologico o quello puramente letterario della questione vanno considerati di secondaria importanza. Perché la storia dell'arte deve basarsi prima di tutto sul dato di fatto reale, cioè sulle forme espressive disponibili e, se intende comprenderne il significato, deve interrogarsi scrupolosamente sulla loro origine.

Capitolo I. *Sguardo panoramico*

Proprio uno sguardo panoramico su dove e come l'arte greca adoperò l'attributo delle ali, ci permetterà di riconoscere i problemi che esigono un'analisi più approfondita. Sarà necessario, quindi, formulare brevemente i problemi basilari, onde fornire una risposta adeguata ai nostri interrogativi.

Vale la pena di aggiungere che noi discuteremo sempre e soltanto dell'aspetto esteriore delle divinità e delle altre figure, del modo in cui furono rappresentate nelle arti figurative, non nel mito e nella poesia.

Curiosamente, non sono mai generalmente alate le divinità principali, come Zeus, Era e le altre. Esse appaiono in forma puramente umana; manca loro quell'accessorio che potrebbe indicare l'estraneità della loro esistenza alla sfera sensibile. Questa circostanza va sottolineata, perché è assolutamente determinante per comprendere l'immagine autoctona degli dèi e degli esseri divini. Gli dèi greci erano originariamente uomini potenziati, e nulla di più. Perciò non potevano essere dotati di ali. Un'eccezione apparente (l'Atena alata sulle monete beotiche e altre)[1] non può essere presa in considerazione. Quella dèa, infatti, non appartiene alle divinità strettamente mitiche, ma deriva dall'identificazione con Nike e sarà trattata, quindi, insieme a essa. Nel caso delle divinità inferiori (Artemide, Ermes, Iris e simili), avviene inizialmente una trasformazione: indossano talvolta le ali in maniera attributiva, ma possono anche farne a meno, perché l'attributo non rappresenta un elemento costitutivo, cioè essenziale e immutabile del loro aspetto esteriore.

Ad Artemide si lega una serie di animali alati mitologici, come la Sfinge, l'Arpia, la Sirena e altri ancora, che indossano naturalmente le ali e che, quindi, non sono immaginabili o rappresentabili senza l'attributo. In sintesi, secondo il mito originario, l'attributo delle ali spetta soltanto agli esseri subordinati o agli animali. La circostanza va argomentata.

---

[1] F. Imhoof-Blumer, *Die Flügelgestalten der Athena und Nike auf Münzen*, in "Numismatische Zeitschrift", III, 51, 1871, n. 51 ss.

Agli esseri di carattere strettamente mitico si collegano, in ambito religioso e poetico, quelli sorti dalla semplice vita fantastica e che, successivamente, hanno ricevuto una forma poetica e artistica. Essi mostrano un carattere in parte mitico, in parte concettuale. Qui basti citare, per esempio, Ker, Deimos e Fobo dall'età arcaica, Eros e Nike dall'età più tarda. In essi l'attributo delle ali è decisamente frequente. Potremmo dire che essi sono prodotti della fantasia (dato che rinunciano al terreno solido sotto i piedi), che hanno bisogno delle ali per mantenersi eretti e per potersi paragonare all'aspetto realistico di ogni divinità superiore. La differenza basilare fra il carattere mitologico e quello artistico delle due categorie può essere dimostrata oggettivamente attraverso i monumenti.

Lo stesso vale per la terza e ultima categoria, che appartiene più che altro alla mitologia originaria. Si tratta di personificazioni e figure simboliche, come Psiche, Tiche, Aidos, Kairos e altre ancora. Esse sono di natura puramente concettuale. Originarie di un'epoca più tarda, esse si differenziano dagli altri due generi essenzialmente per il fatto di non sorgere né da un impulso originariamente mitologico, né dalla fantasia, ma dall'intelletto. Perdono comprensibilmente la realtà artistica quanto più si allontanano cronologicamente dal periodo autenticamente creativo del popolo greco. Esse testimoniano l'indebolimento conclusivo di una forza ancora potente e attiva in modi differenti: la produttività spirituale, che attraversa l'intera vita dei greci, e non di meno quella artistica.

In sintesi, possiamo suddividere tutti gli esseri alati dell'arte greca in mitici, mitico-concettuali e concettuali. In appendice verranno indicati alcuni attributi alati. Ecco una tabella riepilogativa dei semplici nomi, in parte per facilitarci il compito, in parte per delineare l'imminente ricerca in generale.

Esseri alati greci

1) Mitici	2) Mitico-concettuali	3) Concettuali
a. *Dèi*	a. *Antichi*	a. *Personificazioni*
Artemide	Daimos e Fobo	Psiche

Ermes (Perseo)	Eris	Aidos
Eos	Enio	Tiche
Selene (Mena)	Ker	Neote
Borea (Boreadi)	Idolo	Kairos
		Edone ecc.
b. *Demoni*	b. *Tardi*	b. *Attributi*
Gorgone	Hypnos (Thanatos)	Lampo di Zeus
Gerione	Erinni	Treppiede di Apollo
Tifeo	Nemesi	Carro di Triptolemo
Talo	Eros (Foto, Imero)	
	Nike (Atena)	
c. *Mostri*	Stige	
Arpie	Emera	
Sirene	Fosforo (Espero)	
Pegaso		
Sfinge		

È piuttosto interesse osservare come molti tipi siano influenzati dal luogo e dall'epoca d'origine; come quelli introdotti dall'estero assumano in Grecia trasformazioni analoghe; come l'ingresso dei tipi posteriori faccia sparire gli altri dalla rappresentazione artistica; come, infine, nella massa generale delle figure alate si verifichi un passaggio da formazioni mostruose e informi a formazioni amabili e graziose. In breve, l'uso concreto dell'attributo esteriore ci permette di dimostrare lo sviluppo evolutivo dell'arte greca, altrove possibile attraverso il legame formale e stilistico. La concordanza fra i due elementi (concreto e formale) è la migliore garanzia della correttezza dei risultati ottenuti. Perché materia e forma vanno sempre a braccetto, nell'arte greca come dappertutto. Qui ci occuperemo, innanzitutto, dell'aspetto materiale; successivamente, cercheremo di inseguire l'attributo delle ali dagli esordi sino al tramonto nello sviluppo artistico greco.

Ci sia ancora permessa una breve osservazione. È ovvio che la nostra trattazione contiene solo il capitolo introduttivo e basilare di un lavoro più ampio e onnicomprensivo che intende affrontare l'intero tema.

Capitolo II. *La poesia dell'età arcaica*

Nel corso documentabile di tutta l'arte greca, in cui, salvo rare eccezioni, rientra anche l'età imperiale romana, è osservabile la crescente tendenza all'astrazione da parte delle rappresentazioni della vita reale. Possiamo individuare tre periodi. Le opere d'arte di Omero sono tutte attinte dalla realtà[1]; nella fioritura greca prevale la tendenza poetica all'astrazione; nelle numerose formazioni concettuali dell'età alessandrino-romana predomina l'astrazione. Ovviamente, il patrimonio del periodo artistico precedente viene sempre incrementato da quello successivo e il passaggio da uno stadio all'altro si realizza solo gradualmente; quindi, una netta cesura cronologica non è di per sé possibile. Tuttavia, generalmente parlando, il contenuto di un periodo precedente esclude quello successivo. La nostra trattazione dovrà basarsi su questi principi.

Per stabilire l'origine dell'attributo delle ali dobbiamo individuare, innanzitutto, le rappresentazioni di carattere puramente o parzialmente concettuale. Bisogna iniziare con i tipi che mostrano un carattere decisamente mitico; e, tra questi, vanno distinti quelli più antichi. Da qui deve partire la nostra ricerca. Bisogna dimostrare il loro carattere storico-artistico, possibilmente la loro origine. Solo in questo modo otterremo una solida base per i dati successivi.

Al primo stadio evolutivo non possono appartenere le figure alate, per ovvie ragioni. Infatti, in Omero (cioè in tutti i poemi epici attribuitigli) non è riscontrabile alcuna traccia di ali per gli esseri divini o particolari, né nella realtà illustrata, né nelle opere d'arte descritte. A dire il vero, si riscontrano demoni raffigurati artisticamente, come Ker e gli altri già menzionati, che nell'età più tarda saranno alati; ma poiché del loro aspetto esteriore non sappiamo alcunché, qui, discutendo di tipi artistici, non possono essere presi in considerazione. La χρυσόπτερος Ιρις (Iris dalle ali

---

[1] H. Brunn, *Die Kunst bei Homer und ihr Verhältniss zu den Anfängen der griechischen Kunstgeschichte*, in "Abhandlungen der K. Bayerischen Akademie der Wissenschaften", XI, 3, 1868, pp. 1-52.

dorate)[2], così come l'espressione utilizzata per Ermes πέτετο (volò)[3], devono essere considerate puramente metaforiche. Quindi, la denominazione non veniva applicata ad altre divinità, come Era e Atena, per le quali non si può parlare di ali nel senso letterale del termine. Le ali reali di Iris o di qualsiasi altra divinità non vengono menzionate da Omero; perciò è abbastanza chiaro come bisogna intendere l'epiteto χρυσόπτερος (ali dorate). Espressioni del genere dovevano indicare solo il rapido movimento; una diversa interpretazione contraddirebbe direttamente lo spirito omerico. Del quale è stato più volte osservato come il dio del sonno[4], così come Atena in un passaggio molto controverso[5], si trasformi occasionalmente in un uccello. Questo ci indica come non si fosse pensato affatto di attribuire le ali a esseri umani o umanoidi.

La nostra supposizione, già avallata da Voss e da Gerhard, si spiega in base alla natura originaria della poesia omerica. Come tutto ciò che troviamo nel poeta arcaico, anche le figure divine sono illustrate in modo assolutamente realistico; mancano, quindi, dell'accessorio astratto delle ali. Questo, a dire il vero, vale non solo per Omero ma anche per la sua epoca, cioè per lo sviluppo storico greco dal X sino all'IX secolo a.C. Se l'epoca avesse conosciuto formazioni fantastiche del genere nel mito o nelle opere d'arte, le tracce ci sarebbero state certamente trasmesse nella voluminosa produzione dei poeti epici. Possiamo, quindi, affermare con sicurezza che ci fu un periodo dell'arte e della poesia greca che non conobbe affatto gli esseri alati: quello omerico. Ne consegue che *quanto più prossima un'opera d'arte è allo spirito o all'età omerici, tanto meno è probabile l'apparizione degli esseri alati.*

Se ci chiediamo quanto sia durata l'età dell'arte greca priva di ali (nel senso più generale del termine), dobbiamo fissare per lo meno un *terminus ante quem* nelle opere di Esiodo. Nella sua produzione, abbiamo apparentemente un intero esercito di esseri alati: Nike, Eros, Erinni, Hypnos, Borea e altre ancora. Ma tutto

---

[2] *Iliade* 8, 398 = 11, 185.
[3] *Iliade* 24, 345.
[4] *Iliade* 14, 290.
[5] *Odissea* 22, 240; si confronti *Odissea* 3, 372.

ciò è solo apparente, perché un esame più approfondito ne riduce notevolmente il numero. Nella maggior parte dei casi, infatti, non vi è una menzione diretta dell'attributo delle ali. Come nel caso di Eros, che in Esiodo riveste un ruolo molto importante. L'espressione ἀσπὶς Ἡρακλέους (scudo di Eracle)[6] attribuita al poeta, e in ogni caso significativamente anteriore alla *Teogonia*, non si riferisce a una descrizione dell'attributo delle Gorgoni[7]. Tanto meno bisogna prendere alla lettera i πτερόεντα πέδιλα (sandali alati)[8] di Perseo; espressioni alate o simili erano alquanto comuni in Omero. Invece, è innegabile la trasformazione operata da Esiodo dei ὁ δῶστε νόημ ἐποτατο (calzari alati)[9] sull'attributo delle ali di Perseo. Essa non ci fornisce una prova convincente della presenza delle ali[10], dato che l'espressione πέτεσθαι (vola) non è utilizzata in ogni movimento repentino. In un caso importante – anzi determinate – come questo, la presenza delle ali va presupposta solo in presenza di un'indicazione chiara e indubitabile.

Di contro, due tipi genuinamente esiodei sono eccezioni di notevole valore: l'Arpia e Pegaso. Sebbene il passaggio in questione sia stato ritenuto da alcuni[11] un'interpolazione, un esame più dettagliato non ci fornisce alcuna prova tangibile di tale affermazione. Senza entrare nel merito dell'intera questione esiodea, possiamo limitarci ad affermare che, nella *Teogonia*, le Arpie vengono inequivocabilmente descritte come alate[12]. E la descrizione appartiene in ogni caso al nucleo poetico. Per Pegaso viene poi utilizzata l'espressione ἀποπτάμενος (volato via)[13], che indica chiaramente il movimento del volo; vanno, quindi, fugati i dubbi relativi a questo termine. Tra gli esseri alati sicuramente più

---

[6] T. Bergk, *Griechische Literaturgeschichte*, vol. I, Berlin, Weidmann, 1872, p. 998.
[7] *Scudo di Eracle* 230 ss.
[8] Ivi, 220.
[9] Ivi, 222.
[10] Cfr. *Odissea* 7, 36.
[11] G.F. Schömann, *Die hesiodische Theogonie*, Berlin, Weidmann, 1868, p. 150.
[12] *Teogonia* 269. Si confronti H. Flach, *Glossen und Scholien zur hesiodischen Theogonie*, Leipzig, Teubner, 1876, p. 240.
[13] Schömann, *op. cit.*, p. 158.

antichi fornitici dalla tradizione letteraria, vanno annoverati le Arpie e Pegaso.

Mentre Pegaso non è del tutto sconosciuto a Omero, la sua menzione delle Arpie ci permette di chiarire il contrasto con Esiodo. Infatti, in Omero l'Arpia Podarge è talora considerata un destriero, come si evince dal riferimento βοσκομένη λειμῶνι (pascola sui prati)[14]. Il concetto alla base del mito della tempestosa velocità viene tratteggiato a volte in forma di destriero, in un altro caso con l'attributo delle ali *assunto* dal mondo dei volatili. Sono, dunque, caratteristici i nomi Ποδάργη (Podarge, veloce coi piedi) da una parte, e Ὠχυπέτη (Ocipete, veloce con le ali), dall'altra[15]. Il nome della seconda Arpia esiodea Ἀελλώ (Aello, rapida come un fulmine) lascia trapelare la sua natura originariamente tempestosa. E anche se non sapessimo come Esiodo immaginasse quegli esseri, ci basterebbe questa espressione per separare chiaramente qui, come in moltissimi altri casi, la descrizione omerica, risalente alla visione direttamente poetica, da quella esiodea, più dogmatico-concettuale. Il primo ci propone un essere reale, il secondo un essere creato dalla fantasia, come l'Arpia. Che quell'essere non vada mai considerato un volatile a tutti gli effetti, ma una formazione ibrida tra un volatile e un uomo, lo desumiamo dall'epiteto ἠυκόμους (belle chiome), utilizzato in maniera dimostrativa[16]. Esso chiarisce come tra Omero ed Esiodo si fosse introdotto un nuovo elemento nella poesia greca: l'astrazione dalle forme del mondo sensibile. Certo, restiamo ancora nell'ambito del mito; neanche Esiodo conosce gli esseri alati concettuali. I nuovi tipi rimangono, per così dire, coi piedi sul vecchio terreno; non si librano mai del tutto in volo, come le formazioni più tarde di genere affine.

Non sappiamo se, al tempo di Esiodo o delle poesie a lui attribuite (all'incirca all'inizio delle Olimpiadi), si fosse verificata una simile trasformazione anche nelle arti figurative greche. Il materiale monumentale a nostra disposizione non ci permette di stabilirlo. Ma un'analoga introduzione di nuovi elementi era

---

[14] *Iliade* 16, 151. Si confronti *Odissea* 21, 49.

[15] *Teogonia* 267.

[16] *Ibidem.*

quantomeno plausibile. Di più non si può dire con certezza. Questo vale per lo meno per gli esseri inferiori dello Stato degli dèi in parte o completamente animali, mai per quelli superiori e immaginabili in figura umana.

Poiché ci manca la tradizione monumentale dell'età immediatamente successiva, dipendiamo anche in questo caso dalle testimonianze scritte. Ci riferiamo, innanzitutto, agli antichi giambografi o ai lirici. Né in Archiloco, né in Simonide di Amorgo si riscontrano esseri alati; in quest'ultimo si utilizza, per esempio, χῆρες (Chere) in modo ancora del tutto impersonale[17]. In Tirteo[18], Borea non è ancora immaginato come θέων (dio) che corre, il che non ci costringe a supporne l'attributo delle ali; ulteriori accenni circa il suo aspetto fisico non li abbiamo. Alcmane menziona solo Eros fra i tipi più rilevanti. Il dio è chiaramente descritto come privo di ali, perché incede graziosamente sulle punte dei fiori[19]. In Alceo, Iris ha l'epiteto εὐπέδιλος (dai bei calzari)[20]; in Saffo, Eos si chiama χρυσπέδιλος (dai calzari d'oro)[21]. Entrambe le divinità non stanno, quindi, volando, ma sono immaginate mentre camminano. In caso contrario, il poeta non avrebbe utilizzato l'epiteto che connota le calzature, ma le ali. Saffo parla spesso di Eros con indosso una clamide di porpora[22]; non parla di ali. La clamide merita di essere osservata, poiché una vestizione di Eros è molto rara nell'arte successiva; sembra che la vestitura e l'attributo delle ali si escludano a vicenda. Come riscontro, possiamo utilizzare Nike; nella migliore epoca greca è sempre completamente vestita, solo l'arte decadente la rappresenta ignuda. Nel corso del nostro lavoro sarà importante discutere più da vicino tali riscontri e le sue motivazioni. Il rigore del tipo greco ci lascia supporre che la relazione non sia casuale.

Torniamo alla poesia. Saffo menziona una volta la Gorgone[23], senza indicarne l'aspetto esteriore. Ulteriori indicazioni, che qui

---

[17] *Frammento* 1, 21.
[18] *Frammento* 12, 4.
[19] *Frammento* 38, 2.
[20] *Frammento* 13, 2.
[21] *Frammento* 18.
[22] *Frammento* 64.
[23] *Frammento* 48.

andrebbero affrontate, non ci sono nelle fonti letterarie. E solo su di esse possiamo imbastire un giudizio. Tutti questi poeti (come Omero) non conoscono alcun attributo delle ali degli esseri mitici o di ulteriori; anzi, lo negano in parte esplicitamente laddove dovremmo aspettarcelo per analogia più tarda.

In sintesi, nei poeti greci fino all'epoca di Saffo, Esiodo è l'unico a conoscere gli esseri alati; e anch'egli solo indirettamente. Le rare eccezioni, come le Arpie e Pegaso, sono – va sottolineato – di carattere mitico, non concettuale. Su di essi torneremo nella discussione dei tipi artistici omonimi. Di contro, la grande maggioranza di quegli esseri che appaiono alati nell'arte più tarda, mancava all'epoca di una struttura plastica originata dall'immaginazione poetica, solitamente anticipatrice dell'arte figurativa. In Esiodo, essi sono tutti di natura cosmologica; nei giambografi e nei lirici, appaiono impersonali o privati di un aspetto esteriore chiaramente delineato. Le figure alate nelle opere d'arte non sono accennate da nessuno di questi poeti.

Capitolo III. *L'arte dell'età arcaica*

Le condizioni dei monumenti artistici greci ritenuti arcaici confermano, in larga parte, il risultato della panoramica letteraria.

Poiché l'origine degli oggetti ornamentali e dorati scoperti da Schliemann a Micene è alquanto controversa, anzi è probabilmente straniera[1], quelle rappresentazioni non possono essere prese in considerazione. Di contro, i frammenti vascolari portati alla luce laggiù indicano per lo meno un principio d'impronta greca[2]. Questi, così come i vasi del cosiddetto stile geometrico, ritenuti, prima della loro comparsa, i monumenti greci più antichi pervenuti (naturalmente se autentici), forniscono degli esseri animati solo rappresentazioni animali naturalistiche, mai figure alate umane o animali. Esse si avvicinano ai più antichi stadi artistici greci a noi conosciuti: quelli omerici. Un'esatta datazione di questi vasi non è del tutto possibile. Ci basti paragonarli all'arca di Cipselo; cosa che siamo legittimati a fare. Avendo solo un valore negativo nell'economia della nostra ricerca, dobbiamo limitarci ai riferimenti già dati. Ma è comunque necessario sottolineare come quei vasi, stando all'opinione di Conze[3], siano ritenuti un prodotto stilistico greco. Non abbiamo la possibilità di accennare alla questione, altrove sollevata, circa l'origine orientale della loro ornamentistica[4]. Forse, nel corso del nostro lavoro, emergeranno alcuni motivi per confutare tale convinzione. Qui basti riscontrare nella decorazione pittorica di

---

[1] U. Köhler, *Über die Zeit und den Ursprung der Grabanlagen in Mykene und Spata*, in "Mittheilungen des K. Deutschen Archäologischen Instituts zu Athen" [d'ora in poi Mittheilungen], III, 1878, pp. 1 ss.

[2] Cfr. A. Furtwängler e G. Loeschke, *Mykenische Thongefässe. Festschrift zur Feier des fünfzigjährigen Bestehens des Deutschen Archäologischen Institutes in Rom*, Berlin, Asher, 1879.

[3] Cfr. A. Conze, *Zur Geschichte der Anfänge griechischer Kunst*, in "Sitzungsberichte der Wiener Akademie der Wissenschaften", LXIV, 1870, p. 523.

[4] W. Helbig, *Osservazioni sopra la provenienza della decorazione geometrica*, in "Annali dell'Instituto di Corrispondenza Archeologica" [d'ora in poi Annali], XLVII, 1875, p. 221.

quei vasi un parallelo verificabile con le figure alate del periodo artistico omerico e libero.

Indubbiamente, la totale assenza di figure alate nell'arte e nella poesia della Grecia arcaica ha motivazioni che affondano nel carattere distintivo del popolo greco. Il senso artistico, nel significato più ampio del termine, non poteva discostarsi da un'epoca che aveva prodotto la poesia omerica. Se, tuttavia, nelle opere più tarde e in quelle agli inizi dell'arte figurativa viene del tutto a mancare il carattere fantastico, sotto cui cataloghiamo le figure alate, si tratta di un importante sintomo del genere di produzione artistica e poetica dei greci in generale, per lo meno di quella puramente nazionale. Il senso del periodo artistico greco arcaico, orientato rigorosamente al naturale, ma non meno che al poetico, fornisce una prova inconfutabile della tendenza spirituale originaria del popolo. In quelle creazioni si persegue un'idealità non a spese, ma approfondendo il naturale. Ogni verso della poesia omerica ce lo dimostra. Ecco che mancano le numerose formazioni ibride e doppie di un'arte e di una mitologia più tarde; perché esse sorgono da un processo arbitrario della fantasia decisamente lontano dall'arte poetica omerica. E se quest'ultima ha influito in maniera decisa sulle migliori creazioni dell'arte figurativa più tarda, lo si deve essenzialmente al fatto che Omero incarna il carattere distintivo del popolo greco in modo più puro e quasi senza alcun miscuglio straniero. Possiamo, quindi, supporre – e dobbiamo cercare di dimostrarlo – che anche l'assenza di figure alate in Omero non sia casuale, così come nelle opere d'arte greche arcaiche; che, anzi, sia strettamente legata all'andamento dello sviluppo storico.

La *visione sensibile* fu sempre determinante nei poeti e negli artisti di quell'epoca; ciò che non coglievano coi sensi, essi non osavano rappresentarlo. In tal senso, le personalità degli dèi omerici si accordano totalmente con lo stile artistico dello scudo omerico. Ovviamente, tutto questo vale solo sotto il profilo formale, cioè retrospettivamente per la *forma esteriore* rappresentata e stabilita una volta per tutte. Di contro, prevale una libertà poetica nel suo utilizzo; così che, per esempio, l'incedere, sensibilmente impossibile, degli dèi greci sulle montagne e sui mari non contraddice affatto ciò che abbiamo detto. In tali circostanze, come in altre, abbiamo semplicemente l'umano potenziato, tipico del carattere di ogni dio; che resta un essere umano. Il loro organismo è omogeneo, non è composto da elementi differenti, naturalmente estranei. Apparenti eccezioni alla regola, come la Chimera, non sono sicuramente di origine greca. Proprio l'insistenza sul naturale va ritenuta un tratto nazionale greco autentico e puro, anzi il tratto principale e basilare dell'arte greca. Questo deve essere assolutamente chiaro; e solo quando si ha bene in mente il nocciolo dell'intera questione, è possibile comprendere la comparsa di quelle figure alate nello sviluppo artistico greco più tardo, che si discostano completamente dalla concezione originaria.

Tutto ciò che sappiamo del carattere dell'arte greca arcaica, nel senso più ampio del termine, ci dice, quindi, con chiarezza due cose. In primo luogo, le figure alate non sono *oggettivamente* presenti. In secondo luogo, esse non possono *fondamentalmente* esserlo. E, dato che possiamo, anzi dobbiamo assumere che nei prodotti arcaici di ogni arte si conservi lo spirito nazionale in modo più puro e sicuro, per come lo intendiamo in ambito artistico; allora il motivo delle ali non può essere originariamente greco. A questa dimostrazione negativa, che si può estendere ulteriormente, dovremo far seguire quella positiva dedotta dal mondo dei monumenti.

Al periodo artistico arcaico fa seguito, infatti, un lasso temporale non chiaramente definibile, alquanto ricco di figure alate. Uno dei primi prodotti di tale produzione ce lo offrono i famosi recipienti d'argilla melii, espressione di un'arte decorativa che corrisponde all'epoca transitoria dallo stile geometrico a quello orientalizzante[5]. Essendo anteriori all'arca di Cipselo[6], per ciò che ne sappiamo finora, i cavalli alati rappresentati sui recipienti sono l'esempio più antico di esseri alati dell'arte greca più in generale[7]. Discutendo di Pegaso torneremo su questo esempio. Per ora rileviamo come fino a quel momento, in tutto l'ambito dell'arte figurativa greca, non sia attestabile né

[5] A. Conze, *Melische Thongefässe*, Leipzig, Breitkopf und Härtel, 1862, p. VI.
[6] Cfr. *ibidem*.
[7] *Ibidem*, tav. 4. Id., *Textvignette*, in "Archäologische Zeitung", XII, 1854, tav. 62.

letterariamente, né effettivamente una figura alata cronologicamente anteriore ai recipienti d'argilla melii. Essi ci forniscono, quindi, un sicuro *terminus a quo* dell'avvento dell'attributo delle ali.

Una sicura datazione della comparsa delle figure alate deve collocarsi con una certa attendibilità in un lasso temporale limitato, retrospettivamente, dalla formazione della *Teogonia* esiodea, e, prospettivamente, alla produzione dei recipienti d'argilla melii. Perché non è improbabile che, nell'arte figurativa, se *autoctona* della Grecia, fossero comparsi tipi alati prima che nella poesia. E questo sembra acclarato, come detto, quantomeno in Esiodo. Il lasso temporale potrebbe, quindi, estendersi dalla I alla XXV Olimpiade; ma un'esatta delimitazione è attualmente impossibile.

Intorno alla XXX-XL Olimpiade[8] si colloca uno dei monumenti più significativi e più conosciuti della produzione artistica greca arcaica a nostra disposizione. Si tratta dell'arca di Cipselo. Essa presenta un certo numero di esseri alati; il che ci deve quantomeno sconcertare, se rammentiamo come quegli esseri siano rari nell'epoca precedente. Questo dato di fatto necessita di una spiegazione più accurata.

A tal fine, dopo aver discusso in maniera sufficientemente dettagliata le rappresentazioni dell'arca di Cipselo per configurazione[9] e ricostruzione artistiche[10], dovremo lanciare uno sguardo preciso sulle loro caratteristiche. Questo solo nella misura in cui è utile al nostro tema. Si tratta della tipologia di esseri alati e del loro utilizzo. Dobbiamo, quindi, considerare accuratamente il dato reale; non possono essere di alcuna utilità le semplici ipotesi.

---

[8] Cfr. J.J. Schubring, *De Cypselo Corinthiorum tyranno (dissertatio)*, Göttingen 1862, p 24 ss.

[9] F. Welcker, *Über die Anordnung der Figuren am Kasten des Kypstelos*, in "Zeitschrift für Geschichte und Auslegung der alten Kunst", I, 1818, pp. 536 ss.; H. Brunn, *Über den Parallelismus in der Komposition altgriechischen Kunstwerke*, in "Rheinisches Museum für Philologie", V, 1847, pp. 335-340.

[10] J.A. Overbeck, *Beiträge zur Erkennnis und Kritik der Zeusreligion*, in "Abhandlungen der Philologisch-Historischen Klasse der K. Sächsischen Gesellschaft der Wissenschaften", IV, 1858, pp. 591 ss.

Torniamo nuovamente al lato negativo. I rilievi in questione ci forniscono una serie di tipi artistici, le cui ali sono accertate in epoca più tarda, ma, non essendo accennate da Pausania, è per lo meno improbabile o incerto che ci fossero. A queste appartengono, per esempio, Hypnos e Thanatos tra le braccia della Notte[11]. Per ciò che riguarda quest'ultimo, la sua immagine riprodotta da Rèco sul tempio di Efeso era molto probabilmente priva di ali[12]. Ma tutti e tre gli esseri indossano le ali nell'arte più tarda; la concezione è notevolmente posteriore, come sarà specificato nella trattazione dei monumenti. A dire il vero, è stato ritenuto arcaico l'attributo delle ali di Thanatos in una monografia appena pubblicata[13], ma senza che sia stata addotta una prova tangibile di tale affermazione. In ogni caso, bisogna considerare entrambi gli esseri dell'arca di Cipselo come puramente concettuali, non mitici. Dobbiamo, quindi, presupporre che la concezione omerica di un Hypnos puramente umano e privo di ali (nonché quella di Thanatos) sia stata utilizzata in questo monumento. La nuova arte allegorica doveva servirsi ancora del vecchio mezzo poetico. Lo stesso vale per Fobo[14] e per Ker[15]. Il primo fu dotato di una testa leonina; un aspetto esteriore senza eguali nell'arte greca. La seconda possiede gli artigli e i denti animali già accennati da Esiodo[16], ma, benché gli attributi siano descritti in maniera dettagliata, la figura non è alata. Anche Eris era generalmente raffigurata come orribile[17]; in breve, un attributo delle ali di un qualche essere in parte o completamente *concettuale* non è ancora riscontrabile sull'arca di Cipselo.

Fra gli esseri mitici, prendiamo in considerazione almeno Borea. Del quale possiamo solo affermare che, eccezionalmente per la regola artistica greca altrimenti così coerente, aveva i piedi di serpente. Se tutto ciò sia conciliabile col suo attributo originario

---

[11] Paus. 5, 18, 1.
[12] Cfr. Paus. 10, 38, 6 – G. Loeschke, *Über Darstellungen der Athena-Geburt*, in "Archäologische Zeitung", XXXIV, 1876, p. 114.
[13] C. Robert, *Thanatos*, Berlin, Winckelmannsprogramm, 1879, p. 38.
[14] Paus. 5, 19, 4.
[15] Paus. 5, 19, 6.
[16] *Scudo di Eracle* 250, 254.
[17] Paus. 5, 19, 2.

delle ali, è assai dubbio e forse lo resterà per sempre. Si tratta, indubbiamente, di una supposizione corretta, ancorché datata, visto che la figura di Borea è identica al Tifone alato dai piedi di serpente[18]. La figura alata del Dio del vento, solitamente rappresentato in sembianze completamente umane, non è in alcun caso molto antica. È già stato notato[19] che le numerose rappresentazioni sulle immagini vascolari sono generalmente relativamente tarde e appartengono, quantomeno, all'epoca successiva alle guerre persiane. Probabilmente, per quanto non sia certo, le Boreadi[20], così come in Teognide[21], erano ancora prive di ali sull'arca di Cipselo. Ma qui non si considera da vicino la forma rappresentativa; sembra, anzi, che nell'età arcaica essa fosse ritenuta inadatta al volo, ma adatta al passo svelto. Ci torneremo in seguito. Alla fine della descrizione che Pausania offre della figura di Gerione[22], manca qualsiasi accenno alle ali; le quali ricompaiono, dal punto di vista letterario, prima in Stesicoro[23] e, successivamente, furono talora utilizzate nelle immagini vascolari[24]. Fra questi usi, è sospetto, per esempio, il Gerione raffigurato, secondo Gerhard[25], con una tecnica di verniciatura più tarda[26]. Ritenere più antico il tipo alato di Gerione[27], come è accaduto recentemente, ci pare azzardato, dato che persino la rappresentazione più tarda sull'arca di Cipselo lo mostra sicuramente privo di ali. Infatti, la prima forma è "affine allo stile orientale"[28], ma, proprio per questo motivo, essa va considerata un gradino intermedio e transitorio dello sviluppo artistico greco. Quelle illustrazioni vascolari appartengono, per invenzione ed esecuzione, a un'epoca successiva all'arca di Cipselo;

---

[18] Paus. 5, 19, 1.

[19] K.B. Stark, *Borea ed Orizia*, in "Annali", XXXII, 1860, p. 322.

[20] Paus. 5, 17, 11.

[21] *Elegie* V, 716 (ed. Bergk) – Cfr. Voss, *op. cit.*, I, p. 270.

[22] Paus. 5, 19, 1.

[23] Cfr. Flach, *op. cit.*, p. 242.

[24] Gerhard, *op. cit.*, tavv. 105-106; 323.

[25] *Ibidem*.

[26] Secondo una benevola comunicazione di Brunn.

[27] W. Klein, *Euphronios. Eine Studie zur Geschichte der griechischen Malerei*, Wien, Gerhold, 1886, p. 30.

[28] *Ibidem*.

contemporanee non possono esserlo proprio, a causa dell'attributo delle ali di Gerione, e non si può retrodatarle. Il che risponde alla nostra domanda. Siamo, quindi, costretti a ritenere tutti i cosiddetti esseri mitici, se presenti sull'arca di Cipselo, come privi di ali.

Diverso è il caso per altri tipi, quantomeno per le Arpie[29]. Naturalmente, anche la loro figura non è stata descritta dettagliatamente. Ma poiché, come è stato dimostrato, le Arpie indossano le ali già nella poesia arcaica e anche in tutte le più famose rappresentazione dell'arte greca, possiamo sicuramente attribuirgliele. Questo vale a maggior ragione quando le Arpie, nella collocazione delle opere scultoree, corrispondono ai destrieri alati di Pelope. Ma non sappiamo se esse, così come le rappresentazioni sul monumento alle Nereidi di Xanthos, mostrassero una forma più animale oppure più umana. La probabilità ci fa propendere per la prima configurazione, in ogni caso quella più antica. Una seconda categoria accertata di esseri alati sull'arca di Cipselo sono i destrieri alati, cui si accenna espressamente nel caso di Pelope[30] o delle Nereidi[31]. Come alata Pausania mostra anche un'Artemide di cui si parlerà in seguito[32]. Indossano le ali, infine, anche le Gorgoni[33] (le sorelle di Medusa), intente a inseguire Perseo; il quale era volante, cioè illustrato con le ali ai piedi. Se, come pare comune dalle numerose illustrazioni vascolari, Pausania osserva, in particolare, le ali degli ultimi tipi, bisogna credere che, in quei casi, esse manchino veramente. Gli esseri alati attendibili del nostro monumento, come quelle di Esiodo, appartengono senza eccezione all'ambito mitico.

È generalmente ammesso che le rappresentazioni dell'arca di Cipselo, rispetto all'arte omerica, mostrino un progresso significativo. Esse si avvicinano alle prime nella misura in cui si prestano complessivamente a fini decorativi. Al contrario delle altre, però, non trattano più materiale appartenente alla realtà, ma

---

[29] Paus. 5, 17, 11.
[30] Brunn, *Parallelismus*, cit., p. 336.
[31] Paus. 5, 17, 7.
[32] Paus. 5, 19, 5.
[33] Paus. 5, 18, 5.

poetico in senso più ampio. Per questo motivo, come osserveremo in seguito, la rappresentazione della fascia intermedia (la lotta) non può indicare un avvenimento storico, come ritengono Pausania e gli interpreti più recenti. Questa rappresentazione esulerebbe, infatti, completamente dalla serie di tutte le altre. Il materiale poetico stesso si dissolve in generi differenti. In parte vengono rappresentati miti divini o eroici, in parte personalità o argomenti allegorici, come Dike che colpisce Adikia ecc.[34] Sui primi si basa la tradizione epica, specialmente quella omerica; i secondi sono del tutto nuovi: non hanno riscontri né nell'arte, né nella poesia omerica. Se ci chiediamo da dove sia giunto questo genere di rappresentazione e se abbia delle analogie con altre, la nostra attenzione si sposta innanzitutto su Esiodo. Si è già fatto riferimento a qualche concordanza con la sua produzione. Infatti, le sue poesie e le singole rappresentazioni hanno un elemento in comune con l'arca di Cipselo: formazioni puramente concettuali, in numero maggiore o minore. Ma non solo. In entrambi, appaiono numerosi tipi che, nel corso dello sviluppo artistico successivo, avrebbero potuto essere alati, ma pochi finiranno per averle. E quei pochi esseri compaiono in entrambi in casi: l'Arpia e il cavallo alato. Perché, se è vero che il cavallo alato non si presenta sull'arca di Cipselo come individuo mitico, lo è altrettanto che la sua forma artistica non coincide esattamente con il Pegaso esiodeo. Lo stesso vale per i cavalli alati dei vasi d'argilla melii. Gli esseri alati arcaici coincidono, quindi, in parte con quelli della poesia; solo che ognuno compare a una distanza temporale significativa. Ma, come detto, entrambi non sono esseri concettuali, ma mitici; il che è importante dal nostro punto di vista, anzi decisivo, perché lo sviluppo storico artistico procede dal mito all'allegoria, e non viceversa. Questo ci indica, tra l'altro, che proprio Ker, uno degli esseri concettuali più antichi dell'arte greca, non è ancora alato all'epoca[35]. Perché non si conoscono ancora esseri alati prodotti semplicemente dalla *vita fantastica*. Inoltre, bisogna osservare che, tra gli esseri alati comuni

---

[34] Cfr. H. Brunn, *Dike ad Adikia*, in "Nuove Memorie dell'Instituto di Corrispondenza Archeologica", II, 1865, cit., pp. 383 ss.
[35] *Iliade* 18, 535.

alla poesia e all'arte arcaica, l'uno (il cavallo alato) assume sicuramente e completamente una figura animale, l'altro (l'Arpia) probabilmente e solo prevalentemente. Mostreremo come anche questo aspetto sia di rilevanza essenziale.

Gli altri esseri alati dell'arca di Cipselo (Artemide, le Gorgoni e Perseo) non sono presenti in Esiodo o – come Perseo – non è dimostrabile con assoluta certezza. Anche il resto della poesia successiva, per quanto ci è dato di sapere, non li conosce. Sorge dunque una domanda: come giungono tutti questi nuovi tipi nell'arte greca? Sono libere invenzioni dell'artista oppure sono attinte da un altro luogo?

Dobbiamo riflettere sul fatto che un'arte che ricorre all'attributo delle ali è distante da quella omerica, e più di un gradino. Il tema desunto dalla realtà si trasforma, per prima cosa, in forme mitiche, poi in allegoriche, ma non può servirsi sempre di forme reali come mezzo espressivo artistico. È necessario un ulteriore passo affinché si modifichi la realtà delle forme, aumentando o diminuendo essenzialmente. A questo stadio evolutivo, stando ai tipi alati riscontrati, appartiene l'arca di Cipselo. Essa mostra contemporaneamente tutte le forme transitorie dall'arte anteriore, caratterizzata dalla realtà assunta concretamente, all'arte ideale più recente. Tuttavia, l'ultimo gradino evolutivo è in contrasto stridente con quelli precedenti come il tratto peculiare di tutta la rappresentazione greca espresso soprattutto in Omero (*lo sforzo realistico dell'aspetto esteriore*). Un influsso straniero finisce necessariamente per alleggerire ciò che non riesce a produrre. Dimostrare tale influsso è il nostro compito.

Alcuni eventi appariscenti sotto i rilievi dell'arca di Cipselo riescono a orientarci in tale direzione. La rappresentazione di Ker con gli artigli e le zanne, quella di Fobo con la testa leonina e di Eris, non descritta da vicino ma rappresentata con caratteristiche simili, appaiono come tentativi sfortunati da parte dell'artista di tradurre nella realtà gli esseri concettuali partendo dalla sua fantasia originaria oppure, come è stato dimostrato in Ker, dalla fantasia poetica tradizionale. Qui abbiamo le prime dimostrazioni palpabili di un'arte nuova, di un'arte puramente ideale che, a questo stadio, non può fare naturalmente a meno di una certa rozzezza e incuria. Anche il Borea dai piedi di serpente desidera farne parte, se intendeva esprimere una qualità concettuale: la sua velocità. Come si comportano gli esseri alati? Essi non sono intellettuali e non possono essere, quindi, una libera invenzione dell'artista. Si distanziano da tutto ciò che indichiamo come carattere distintivo dell'arte greca sino a quell'epoca. Derivano, quindi, non dall'intelletto o dalla fantasia, ma da una visione sensibile. In natura non esiste; allora dove bisogna cercarla?

Per rispondere alla domanda bisogna osservare lo sviluppo complessivo dell'arte greca precedente. Abbiamo visto che l'apparizione degli esseri mitici indica un cambiamento piuttosto significativo. D'altra parte, come è noto, il primo serio sconvolgimento nell'arte greca, a partire da Omero, fu provocato dall'apparizione di un influsso orientale. È evidente che bisogna collegare o porre in relazione i due sintomi. Ma tale supposizione generale non ha alcuna pretesa di carattere probatorio. Va documentata nello specifico con dati di fatto. La circostanza può essere rilevante, poiché i monumenti artistici greci più antichi che mostrano figure alate (i vasi d'argilla melii), presentano forme realmente orientaleggianti nella loro decorazione. Abbiamo più volte ammesso elementi artistici asiatici nelle rappresentazioni dell'arca di Cipselo[36]. Fra questi, senza ulteriore motivazione e con stupore di Pausania, è annoverabile un flautista ritenuto frigio[37]; lo stesso vale per il Fobo dalla testa leonina che ricorda le sculture assire[38]. Proprio tali peculiarità occasionali tradiscono lo spirito straniero; lo stesso dicasi, in un'altra occasione, per il ritratto dell'Artemide Leucofriene caria dedicata da Baticle ad Amicle[39]. Infine, Corinto, il presunto luogo originario dell'intero monumento, è nota per i suoi legami commerciali con l'Oriente.

---

[36] C. Bursian, in *Allgemeine Encyclopädie der Wissenschaften und Künste*, hrsg. von J.S. Ersch, J.G. Gruber e M.H.E. Meier, sez. I, vol. 82, p. 404.

[37] Paus. 5, 17, 9.

[38] A.H. Layard, *The Monuments of Niniveh. From drawings made on the Spot, illustrated in one tundre plates*, London, Murray, 1849, pl. 82 – P.E. Botta ed E. Flandin, *Monument de Ninive*, Paris, Imprimerie Nationale, 1849, vol. II, p. 152 bis.

[39] H. Brunn, *Geschichte der griechischen Küstler*, Braunschweig, Schwetscke, 1853, vol. I, p. 52, n. 1. – L. Preller, *Griechische Mythologie*, 3. Auflage, Leipzig, Weidmann, 1872, vol. 1, p. 255 n. 2.

Ma, indipendentemente dal fatto che vada ancora scritta una storia del commercio nell'antichità capace di illustrare chiaramente tali legami, ogni accenno all'Asia non è mai stato analizzato in profondità[40]. Se ciò accadesse, l'arte asiatica in generale, se riguarda il nostro problema, andrebbe sottoposta a una discussione chiarificatrice. Bisogna innanzitutto isolare l'elemento esogeno che penetrò nell'arte greca, per poi eliminarlo in modo tanto più assoluto e sicuro.

---

[40] Cfr. H. Barth, *Corinthiorum commercii et mercaturae historia (dissertatio)*, Berlin 1844.

Capitolo IV. *Asia*

I rapporti dell'arte greca antica con quella asiatica furono così variegati che, a ragione, si è osservato che sembra quasi più facile indicare i punti che le uniscono piuttosto che quelli che le dividono[1]. Grazie alle nuove scoperte di Schliemann a Troia e a Micene, il tema dell'influenza iniziale dell'arte straniera su quella greca è passato in primo piano. Gli studiosi si impegnano a padroneggiare questo importante tema dai punti di vista più disparati. Di fronte a un ambito di ricerca così ampio, non si tratta di esibire in un sol colpo una grande quantità di nuovi dati. Sarebbero necessari quantomeno alcuni decenni. Ma, se ci è consentito di addurre nuove *motivazioni* che – se corrette – riguardano l'intero problema, dobbiamo in parte risolvere e, in ogni caso, raggruppare il materiale presente in maniera differente da come è stato fatto sinora.

In un contesto più ampio, tutto ciò deve accadere in un'altra occasione. Per ora bisogna, da una parte, illuminare la differenza generale tra arte orientale e arte occidentale, e, dall'altro, studiare più da vicino quei tipi dell'arte asiatica che sono, in qualche modo, affini agli esseri alati greci. In questo modo otterremo un fondamento generale per il confronto successivo dei due tipi artistici nello specifico. Eventualmente, indicheremo come e dove abbia avuto luogo il contatto stesso o l'influenza di un'arte sull'altra.

Si è sostenuto che, a parte alcune eccezioni, i prodotti dell'arte egizia non vadano considerati nell'ambito della nostra ricerca. Il suo rapporto con l'arte greca è così scarso che un suo eventuale influsso non poté agire in modo decisivo. Per di più, la storia dell'arte egizia stessa è stata studiata ancora così poco nei suoi periodi e nel suo sviluppo complessivo da presentare un qualche fattore di cui tener conto. È auspicabile che la storia stilistica dei monumenti egizi, specialmente la datazione cronologica, sia ben presto illustrata contestualmente.

---

[1] A. Milchhöfer, *Sphinx*, in "Mittheilungen", IV, 1879, p. 46.

Pensiamo soprattutto all'arte dei paesi mesopotamici. Anche qui non vi è traccia alcuna di sviluppo organico. Grazie agli scavi di Layard e di altri archeologi, siamo dotati del materiale utile a poter sia abbracciare il carattere della produzione artistica assiro-babilonese, sia dimostrare con precisione e sicurezza una qualche analogia con le opere greche. Ciò è stato fatto da Brunn[2] in particolar modo per l'arte arcaica. Egli ha mostrato come la descrizione della vita materiale asciutta e cronachistica offerta dai monumenti assiri divenne un'opera d'arte autentica in mano greca. Proprio l'utilizzo differente di un mezzo artistico simile testimoniava l'assenza in Asia e l'abbondanza in Grecia di talento creativo. Un popolo dalla scrittura ideografica contro uno dalle opere scultoree. Perciò, confrontandole con l'arte omerica, furono considerate solo quelle rappresentazioni che restituivano la vita reale; persino nella modalità rappresentativa era riscontrabile il caratteristico. Lo stesso vale anche per quell'ambito dell'arte assira che desume i suoi tipi non dalla realtà, ma dalla fantasia.

Infatti, il principio dell'astrazione schematica, così come è venuto alla luce attraverso le scritture ideografiche cronachistiche, viene impiegato anche nell'arte, benché in forma decisamente differente. Tanto sobria e realistica è la rappresentazione greca, quanto entusiastiche lo sono quelle asiatiche; dove troviamo molti tipi, ma pochi individui. Oltre che del sentimento artistico individuale, gli assiri erano privi della possibilità di creare organicamente. In breve, mancavano completamente di quella ricchezza di creazioni uniche presente nell'arte greca; si lavorava, per così dire, secondo una ricetta uniforme. Il sistema del dispotismo orientale, la concentrazione di tutta la vita politica in un solo centro, è trasposto nell'arte. Questo è evidente anche esteriormente nel fatto che tutti quei tipi numerosi, ma uniformi, sono utilizzati quasi esclusivamente per celebrare il dispotismo. E, anche se non è stato ancora studiato il significato di alcuni simboli nello specifico[3], bisogna riconoscere il principio alla loro base. Il quale va brevemente discusso da un punto di vista artistico;

---

[2] Brunn, *Kunst bei Homer*, cit., pp. 13, 15.
[3] Cfr. E. Hincks, *On the Assyrian Mythology*, Dublin, 1855, vol. 22; G. Rawlinson, *The History of Herodotus*, London, Murray, 1875, vol. 1, pp. 585 ss.

l'interpretazione mitologica, da una parte, e la datazione storica dei monumenti in questione, dall'altra, non possono essere affrontate nel nostro lavoro. Qui basti solo aver addotto quei dati di fatto necessari a confermare il principio ordinatorio nel nostro ambito.

La poesia e l'arte figurativa non potranno mai e in nessun caso essere separate; dal carattere dell'una si può sempre dedurre quello dell'altra. Il rapporto di Omero con l'arte figurativa dei greci ne è la migliore dimostrazione. Da questo punto di vista, possiamo utilizzare, in mancanza di qualcosa di meglio, un prodotto molto più tardo, ma non per questo meno caratteristico della poesia orientale per illustrare i monumenti assiri: il Corano. Uno dei suoi migliori conoscitori spiega come vi sia tipico "il frequente passaggio da un'elevata ampollosità a una noiosa loquacità"[4]. Questo può dirsi anche dell'arte assira: la seconda peculiarità è pronunciata in maniera più chiara nelle rappresentazioni storiche, la prima in quelle fantastiche. Entrambe appaiono un tratto nazionale lungo i secoli. Parliamo di tratto, perché entrambe le caratteristiche si sprigionano da una radice comune: quella orientale. Alla quale (vedi l'arte egizia, persiana, indiana ecc.) manca la giusta misura greca. Nel tratto orientale, l'intelletto asciutto e la fantasia troppo rigogliosa procedevano uno a fianco dell'altra, senza mai unirsi, come in quello greco, in direzione dell'idealità.

È necessario motivare attentamente il contrasto dal punto di vista etnologico. L'antico servizio astrologico e religioso dei babilonesi indica una tendenza alla pura speculazione, che non poteva giovare a uno sviluppo dell'arte figurativa in quella regione. La differenza fondamentale tra la creazione divina dei greci e quella orientale risiede proprio nel *senso plastico*, presente fra i primi e assente fra i secondi. Tale espressione va compresa in senso più ampio, non limitandola solo all'arte figurativa o alla scultura. Si tratta della forza espressiva presente soprattutto nel mito, nell'arte e nella poesia. Il greco era sufficientemente produttivo e attivo da confrontarsi liberamente con le proprie creazioni autentiche, dal

---

[4] L. Ullmann, *Der Koran*, deutsche Übersetzung, Bielefeld, Velhagen und Klasing, 1857, p. 1.

considerarle, per così dire, esseri indipendenti; l'orientale non poteva farlo, a causa dalla sua congenita passività. Egli era incline, piuttosto, alla tendenza puramente speculativa, decisamente riluttante all'ingresso nella vita e nell'arte. In epoca più tarda, essa creò il monoteismo privo di immagini; questo stadio precorritore della demonologia ricorse a uno strumento ausiliario: la fantasia. La speculazione esagerata dell'orientale corrisponde a una sensibilità esagerata; proprio perché tale lacerazione attraversa la sua essenza, l'orientale non giunge mai, come il greco, a un accordo armonico esistenziale. A una sensibilità grossolana nella vita corrisponde una fantasia grossolana nell'arte. Grazie a essa, lo spirito speculativo capitola, per così dire, di fronte alla visione sensibile; a danno di entrambi. Mentre il greco domina la sensibilità, l'orientale ne è dominato, umanamente e artisticamente parlando. L'uno non ne aveva bisogno, l'altro sicuramente di un segno distintivo esteriore tra gli esseri reali e quelli inventati, per esempio gli esseri alati. Perciò gli dèi greci appaiono uomini, quelli orientali demoni fantastici. A ragione Erodoto chiama gli dèi greci, in opposizione a quelli persiani, ἀνϑρωποφυέας (antropomorfi)[5]; questo vale per la concezione religiosa come per quella artistica.

Il principio fondamentale dell'arte assira, che conosciamo chiaramente, anche se, come detto, l'interpretazione dei singoli caratteri resta ancora incerta, è già in contrasto con Dedalo. In Assiria, abbiamo l'assenza di misura e persino la sobrietà, in Dedalo la vita e la libertà spirituale. Da un punto di vista puramente formale, è interessante osservare come, nelle opere artistiche assire, la sfrenatezza della struttura generale sia, per così dire, compensata da una stilizzazione eccessiva e innaturale delle singole componenti organiche[6]. Questo vale per le forme animali e vegetali; nelle seconde è di notevole valore il contrasto con gli ornamenti vegetali più antichi, sicuramente considerati naturalisticamente, presenti nella pittura vascolare greca[7]. Per cui, è del tutto naturale che i greci, nonostante l'impulso generale, non

---

[5] *Storie* I, 131.
[6] Cfr. Layard, *op. cit.*, pl. 4.
[7] Cfr. Furtwängler e Loeschke, *op. cit.*

abbiano assunto nella loro arte né lo stile cronachistico, né la demonologia degli assiri. Dimostreremo in seguito in quale misura un influsso della demonologia assira non ebbe luogo sull'arte greca.

Dobbiamo per lo meno sottoporre i monumenti artistici assiri a un breve sguardo panoramico. Per il nostro lavoro, possiamo trattare soltanto le creazioni fantastiche; perché a tale ambito appartengono gli esseri alati. Il loro numero è decisamente cospicuo nell'arte assira, come si evince da uno sguardo sui monumenti; d'altronde, non c'era da aspettarsi nulla di diverso.

Gli uomini alati (solo i maschi e gli eunuchi, perché mancano le donne) sono presenti in grande abbondanza[8]. È probabile che siano da considerare una sorta di geni tutelari. Il numero delle loro ali è di due o quattro; va detto che, secondo una testimonianza dello Pseudo-Sancuniatone in Filone di Byblos, il dio fenicio Kronos era rappresentato con quattro ali[9], e così appare anche sulle monete[10]. Alcuni particolari di questi tipi mostrano la testa di volatile anziché quella umana[11]; una simbologia che ricorda le formazioni grossolane dell'arte egizia. Un'analoga concezione orientale la indica un patrologo tardo, intento a riportare una tradizione antica[12]: "Dio è colui che ha la testa di un falco". Analoghi pensieri primitivi sembrano alla base delle nostre rappresentazioni; un loro approfondimento particolareggiato ci porterebbe troppo lontano. Tutti gli uomini alati, a seconda delle funzioni esercitate, devono assumere una posizione intermedia tra l'esistenza divina e quella umana; sono meglio identificati come demoni. Molto simili sono i famosi leoni alati o i tori dalla testa

---

[8] Layard, *op. cit., passim.* – Botta e Flandin, *op. cit.,* vol. 1, pl. 27. – Cfr. J. Braun, *Geschichte der Kunst. In ihrem Entwicklungsgang durch alle Völker hindurch auf dem Boden der Ortskunde nachgewiesen,* Wiesbaden, Kreidel und Niedner, 1856, vol. 1, p. 216.

[9] C. Müller, *Fragmenta historicum Graecorum,* Paris, Didot, 1849, vol. 3, pp. 569, 26. – Cfr. Zoëga, *Gottheiten* cit., p. 583.

[10] M. Pinder e J. Friedlaender, *Beiträge zur älteren Münzkunde,* Berlin, Nicolai, 1851, tav. VI, 6. – "Revue numismatique", XXI, 1856, pl. XIII, 7.

[11] Botta e Flandin, *op. cit.,* pp. 74, 75; vol. II, pl. 158 – Cfr. W.S.N. Vaux, *Niniveh and Persepolis. An Historical Sketch of Ancient Assyria and Persia,* with an account of the recent researches in those countries, London, Hall, Virtue & Co., 1850, p. 276.

[12] Eusebio, *Preparazione evangelica,* Oxford, Gaisford, 1842, I, c. 10 § 52.

umana; essi occupano certamente un rango inferiore, dato il loro aspetto animale o la modalità del loro utilizzo tettonico. Quegli esseri fungono per lo più da pilastri o da rivestimenti delle pareti. Ma, raramente, appaiono nelle rappresentazioni della vita reale (per esempio, in un rilievo che presenta una scena di viaggio marittimo)[13]; anche qui sono soltanto accessori ornamentali. Che essi siano rappresentati, per motivi apparentemente decorativi, talvolta con cinque anziché con quattro piedi, dimostra chiaramente l'assenza di qualsiasi impulso organico creativo. Una simile tecnica possiamo definirla abominio artistico.

Più probabile è la rappresentazione di cavalli e bovini alati; anch'essi vanno elevati dalla sfera abituale per mezzo dell'attributo esteriore. Lo stesso concetto fondamentale è personificato nei Grifoni e nelle Sfingi[14]; senza voler stabilire il significato autentico di questi tipi, bisogna sottolineare che anch'essi vanno considerati formule o lettere immobili del linguaggio artistico. Il legame della Sfinge assira e del suo attributo con quella egizia non può essere stabilito ancora con certezza. In Egitto, la Sfinge, secondo una vecchia tradizione, è priva di ali e virile[15]; in forma virile è riscontrabile alquanto spesso, senza le ali quasi mai. Che la Sfinge sbarbata assira sia femminile, non è certificato da alcun segno esteriore; anzi – come qui affermiamo per primi –, essa è alla base del tipo virile spesso sbarbato, in cui si riconosce, in parte a ragione, la rappresentazione degli eunuchi. Anche la rarità dei tipi femminili nell'arte assira rafforza la nostra affermazione, che è innovativa. Se fosse vero, il risultato sarebbe importante sia per l'arte assira, sia per quella greca, dove fu trasmesso il tipo della Sfinge. Solo ricerche approfondite nel mondo monumentale assiro possono chiarirci del tutto questo aspetto. In generale, sembra che la Sfinge sia comparsa nei paesi mesopotamici relativamente tardi[16]; originariamente non appartiene alla

---

[13] Botta e Flandin, *op. cit.*, pp. 32-33.
[14] Layard, *op. cit.*
[15] Cfr. B. de Merval, *Le monument du sphinx à Gizeh*, in "Revue archéologique", XXVI, 1873, pp. 237 ss.
[16] Köhler, *Ursprung der Grabanlagen*, cit., p. 48.

demonologia locale. Essa fu inclusa nella simbologia originaria come elemento straniero appropriato.

È evidente che tutti questi esseri sono il frutto di un'operazione intellettuale. Le ali, aggiunte a una figura in modo innaturale, non valgono per ciò che sono, ma per ciò che significano, per esempio la velocità. Tutti gli esseri alati nascono come concettuali, anche se poi diventano puramente mitici. Che, talora, nella loro creazione si sia ricorso alla fantasia, e persino in modo esagerato, non inficia lo stato delle cose. Anzi, proprio tali esseri sintetizzano al meglio l'intelletto asettico e l'immaginazione smisurata dei popoli orientali. Non bisogna meravigliarsi affatto che gli esseri alati nell'arte assira siano così frequenti, anzi, che ne siano addirittura caratteristici. Proprio perché dedotti da un'astrazione *generale*, è inutile volerne individuare il significato particolare. Basta che siano diametralmente opposti all'arte di Omero fondata sulla semplice visione. Da qui anche la loro illimitata varietà; possiamo quasi affermare che essi sono aggettivi espressi in forma plastica, per lo più decorativi. L'ambito – ideale – di tali produzioni fantastiche non prevede una particolare azione e uno stato d'animo; quasi in contrapposizione alle formazioni ideali greche, esse devono agire grazie all'esteriore semplicemente figurativo. Per vocazione, è perfettamente giusto che appartengano sempre e comunque all'arte *decorativa*; non hanno alcun diritto individuale di esistere. In ogni caso, non sono originariamente prodotte nella statuaria, come risulta chiaro per ragioni tecniche, e non solo. Ma, se appaiono eseguite liberamente, esse fungono tettonicamente solo da portatrici o da guardiane; così i citati leoni e i buoi all'entrata del palazzo reale assiro[17]. Generalmente parlando, si può dire che il carattere distintivo dell'arte assira induce ad attribuirne l'invenzione dei tipi alati.

Pur avendo chiarito a sufficienza la ricca presenza di tali esseri alati, è interessante osservare che: 1) il processo costitutivo avviene in un unico tipo; 2) comporta delle *conseguenze* sul carattere dell'arte asiatica in generale, e in particolare su quella assira. Sul

---

[17] Cfr. G. Rawlinson, *The Five Great Monarchies of the Ancient Eastern Word*, London, Murray, 1862, *passim*. – Braun, *op. cit.*, p. 197.

primo punto le iscrizioni dei monumenti assiri non offrono, a dire il vero, alcun indizio; di contro, nei monumenti letterari di un popolo apparentato per lingua e origine, ne abbiamo uno. Pensiamo al libro sacro degli ebrei: la Bibbia. Si tratta di una tradizione diretta originaria dei paesi mesopotamici, che sembra particolarmente adatta a illuminarci al riguardo. Parliamo ora dei cherubini biblici.

Sul significato originario di questi esseri si è discusso a lungo; ancor di più sul loro aspetto esteriore. Sarebbe superfluo ripetere tutte le ipotesi già espresse. Un'affidabile etimologia della parola non è ancora stata elaborata, ma, in ogni caso, non bisogna pensare a un legame con il concetto di γρύψ (ricurvo) – come si è già detto. L'identità con l'assiro "kirûbu" appare accertata; il termine deriva e si avvicina probabilmente a "karab", che indicherebbe una persona vicina, un servitore, un guardiano. Ma è una supposizione incerta. Gli stessi passaggi biblici sui cherubini non sono abbastanza chiari, né conseguenti. L'accenno più antico lo abbiamo in *Genesi* (3, 24), nel dettagliato libro di *Ezechiele* (1,18 e 10,1 e altrove). Il risultato è grossomodo questo: la funzione originaria dei cherubini è quella di servitori di Dio o, più precisamente, di attributi della sua magnificenza; Dio guida o troneggia sui cherubini[18], testimoni della sua presenza nel tabernacolo[19]; la maggiore velocità, la conoscenza e la forza va espressa attraverso di essi[20]. Ma, allo stesso modo (e questo è indubbio), essi sono tipi ornamentali, eseguiti artisticamente; come tali, furono utilizzati sull'arca dell'alleanza, furono intessuti sugli arazzi[21] e utilizzati per motivi decorativi. La loro figura eccelle per mostruosità fantastica, come è attestato chiaramente da Giuseppe[22] e da Clemente Alessandrino[23]. Quindi, essa fu un

---

[18] *I Samuele* 4, 4; *Salmi* 18, 11.

[19] II Re 19, 15; *Isaia* 37, 16.

[20] J.G. Herder, *Vom Geist der hebräischen Poesie. Eine Anleitung für die Liebhaber derselben, und der ältesten Geschichte des menschlichen Geistes*, Dessau, Verlagskasse, 1783, I, p. 80.

[21] *Esodo* 26, 1; 36, 8.

[22] *Antichità giudaiche* 3, 66.

[23] Clem. Alex. *Stromata* V, c. 6.

miscuglio di diverse forme, in parte umana[24], in parte animale. Ne risulta, quindi, che il suo carattere artistico è prossimo alle figure alate assire in generale.

Ma ecco due casi particolari. In primo luogo, la loro figura fu essenzialmente e fondamentalmente animale. L'espressione ζῶα (animali) è abituale[25], la figura puramente umana non è mai stata loro attribuita. In secondo luogo, le ali raffigurano una parte importante e necessaria del loro aspetto esteriore[26]. Da tutto questo si è giustamente concluso[27] che esseri in un certo senso simili debbano essere alla base dell'idea biblica dei cherubini, dato che l'arte assira rappresenta assai spesso uomini-buoi e uomini-leoni alati del tutto simili. Proprio questi ultimi furono indicati, talvolta, come "kirûbu" nei documenti assiri[28]. La nostra supposizione viene confermata dal fatto che Ezechiele, la fonte biblica più particolareggiata, visse e scrisse all'epoca della cattività ebraica nella patria dei tipi artistici; creò, quindi, da una visione immediata. Quindi, non possiamo ignorare lo stimolo esteriore; la rappresentazione dei cherubini, nell'etnia semitica degli ebrei, fu molto frequente a partire da quegli anni. Appare un tipo poetico nazionale, che, in un'altra etnia semitica (gli assiri), raggiunse contemporaneamente solo un'espressione artisticamente plastica. A sostegno della nostra ipotesi abbiamo, tra l'altro, anche la seguente circostanza: gli animali alati assiri e altri, se realizzati in sculture circolari, sono utilizzati quasi esclusivamente alle porte e agli ingressi. Questo conferma sia la suddetta derivazione del loro nome (il guardiano "kirûbu"), sia la funzione dei cherubini biblici antichi che fanno la guardia alle porte del paradiso.

E così integriamo le due tradizioni. In entrambi i casi, sembra che le qualità e i concetti puramente astratti, con il concorso di una fantasia rigogliosa, si concentrino in formazioni mostruose. L'espressione "Tuo è il regno e la forza e la magnificenza" viene

[24] *Ezechiele* 10, 21.
[25] *Septuaginta.* – Giuseppe, *Antichità giudaiche.*
[26] *Esodo* 25, 20; *I Re* 6, 24 ss.
[27] A.H. Layard, *Discoviers in the ruins of Niniveh and Babylon*, with travels in Armenia, Kurdistand and the desert, being the result of a second expedition undertaken for the trustees of the British Museum, London, Murray, 1858.
[28] Ivi, p. 33.

tradotto dall'occhio nell'aspetto di un animale forte e alato dal volto umano. I cherubini sono simboli, prodotti dell'intelletto. Essi ci confermano nuovamente il legame diretto, evidenziato in altre ricerche, tra la dottrina religiosa assiro-babilonese e quella ebraica[29]. Ci forniscono il miglior esempio per riconoscere quali idee siano alla base dei numerosi esseri alati dell'arte assira.

Caratteristico dei cherubini è proprio il lato informe e smisurato, si potrebbe dire l'elemento non plastico del loro aspetto esteriore. Non ci meravigliamo affatto che non vi sia ancora concordanza su una loro precisa definizione[30]. Essi si avvicinano chiaramente ai numerosi esseri alati animali dell'arte assira; sarebbe però certamente sbagliato limitarli a quell'ambito. È giusto lasciare in penombra tali bastardi dell'intelletto e della fantasia. Il che non ci impedisce di utilizzarli come strumento per immaginarci la mentalità assira. Qui ci interessa soprattutto non la forma di quegli esseri, ma la visione fondamentale da cui derivano. I cherubini sono l'espressione più estrema della mentalità puramente orientale e, perciò, si contrappongono decisamente al formalismo e allo spirito plastico dei greci. Se esistesse una metafisica dell'arte, essi ne farebbero parte.

Fornire contenuto concettuale in forma fantastica è il principio dell'arte assira, se non riguarda la rappresentazione della realtà. Questo principio è sopravvissuto alla civiltà. Nella religione dell'impero achemenide, il vecchio spirito persisteva nei suoi prodotti artistici mostruosi; per contenuto interiore, anche se non in forma esteriore, essi coincidono con le formazioni dell'arte assira[31]. Essa pullula di tipi animali composti e alati[32]. Ebbene, quei tipi si sono "diffusi" cronologicamente e geograficamente,

---

[29] G. Smith, *Chaldäische Genesis. Keilinschriftliche Berichte über Schöpfung, Sintfluth, Thurmbau und Nirmrod, nebst vielen anderen Fragmenten ältesten babylonishc-assyrischen Schriftthums*, übersetzt von H. Delitzsch, Leipzig, Hinrichs, 1876.

[30] Cfr. J.J. Herzog, *Realenzyklopädie für protestantische Kirche und Theologie*, Stuttgart und Hamburg, Besser, 1854, vol. II, p. 651; D.B. Haneberg, *Die religiösen Alterthümer der Bibel*, München, Cotta, 1869, pp. 188 ss.

[31] C. Schnaase, *Geschichte der bildenden Künste*, Düsseldorf, Buddeus, 1869, vol. I (*Die Völker des Orients*), pp. 190, 209.

[32] E. Flandin e P. Coste, *Voyage en Perse, Perse ancienne*, Paris, Baudry, 1851, vol. II, pl. 72; vol. III, p. 123; 136; 152. – Vaux, *op. cit.*, tav. 5, p. 39; tav. 6, p. 45.

cosa difficilmente immaginabile. Perché i famosi simboli dei quattro evangelisti nell'arte cristiana sono, senza dubbio, loro reminiscenze: la rivelazione di Giovanni, che rianima i cherubini, illustra il legame tra Oriente e Occidente. Tutti i quattro simboli degli evangelisti derivano originariamente dalla visione di Ezechiele[33], che, quindi, è la fonte principale dei cherubini. Il legame tra le due idee è chiaro. Una dimostrazione convincente è il fatto che proprio questi elementi dalla forma animale, alla base degli animali alati degli assiri e dei cherubini di Ezechiele, ritornino nei Vangeli: uomo, leone, grifone e bue. Notiamo come l'albero genealogico del leone alato di San Marco a Venezia risalga a un'epoca remota. Non è impossibile che anche lo Spirito Santo in forma di colomba, noto ai miti cristiani, derivi da simili idee. Questo volatile era sacro specialmente agli dèi siriani e palestinesi[34]. In ogni caso, qui vogliamo solo dimostrare in che misura l'arte e la fantasia assiro-semitiche si distanzino da quelle greche. E, come abbiamo visto, ciò avviene nell'utilizzo di quella simbologia astratta che trova la sua espressione più pregnante nell'attributo delle ali.

È evidente come questo tratto sia caratteristico non solo dell'arte assira, ma generalmente di tutta l'arte orientale antica altrimenti così variegata. Gli innumerevoli tipi dell'arte egizia, composti da animali e umani, le immagini degli idoli indo-braminici con le loro quattro teste o braccia, ci mostrano a sufficienza che un puro processo intellettuale è alla base delle formazioni mostruose. Esse non vanno spiegate nello specifico; basta osservare che sono lontani parenti di una creazione autenticamente artistica. Ecco il motivo per cui l'arte figurativa dell'Oriente non ha mai raggiunto una fioritura. E, allo stesso tempo, per ciò che concerne il mezzo della rappresentazione artistica, la natura difenderà sempre la sua preponderanza sulla fantasia.

---

[33] I, 10.
[34] C.B. Stark, *Gaza und die philistäische Küste. Eine Monographie*, Jena, Mauke, 1852, p. 259. – Cfr. Tibull. 1, 7, 17: Alba Palaestino sancta columba Syro.

In base a quanto abbiamo detto finora, il carattere decisamente concettuale dell'arte asiatica si contrappone in modo evidente a quello poetico, ovvero, all'arte *sentimentale* dei greci. È alquanto indicativo che, proprio in Assiria, gli scribi fossero intagliatori di pietra. E, come il prodotto, così i mezzi creativi sono fondamentalmente diversi. L'asiatico crea dalla fantasia e non teme di fare violenza alla forma naturale; il greco crea dalla natura e tratta con timore religioso le sue formazioni organiche. Il primo crea rappresentazioni mostruose, il secondo rappresentazioni semplici; il primo si distanzia sempre più dalla natura, il secondo si immerge sempre più dentro di essa. Possiamo ritenere brutale il procedimento dell'arte asiatica rispetto a quello greco; non vi è quella finezza e quella profondità sentimentali che – nel singolo caso – ci incantano così tanto di fronte a tutte le opere originali greche. E la differenza è così evidente proprio nelle formazioni ideali. L'asiatico sposta l'idealità al di fuori del suo oggetto, il greco la conserva al suo interno. Lo Zeus di Fidia è distante dal dio solare egizio dalla testa da sparviero per visione del mondo, non solo materialmente, ma anche artisticamente. Dato che l'arte asiatica (ideale) non possiede in se stessa il suo baricentro, deve trasferirlo all'esterno, anche il suo carattere attributivo è in forte contrapposizione con quello delle opere puramente greche che si reggono completamente su se stesse. Le opere d'arte greche devono essere qualcosa, quelle orientali devono significare qualcosa. Raramente in Oriente, spesso in Grecia, troviamo creazioni statuarie autonome di contenuto ideale. Questo è assai significativo per la comprensione delle due tendenze artistiche.

Il modo più semplice, ma anche più rozzo, per elevare un oggetto oltre la sua visione sensibile, consiste nell'aggiungere componenti che non possiede nella realtà. Questo metodo, che, per così dire, innesta un organismo su un altro, è tipico specialmente in Oriente; corrisponde all'inclinazione orientale alla metafora. L'usuale lingua forbita fu resa plasticamente. La forza del leone, la velocità del grifone, attribuite in qualche modo a un essere, sembravano espresse dagli artigli o dalle ali. A questo mezzo ricorreva l'asiatico, perché non era nella posizione, come il greco, di spiritualizzare la realtà. Mentre il greco si potenzia interiormente, l'orientale si potenzia esteriormente. Il suo interesse, la sua energia non bastavano a dominare artisticamente l'oggetto. Tenta, quindi, di impossessarsene a suo modo, marchiandolo con una formula concettuale e trasformandolo arbitrariamente in un ornamento esteriore. Le ali, utilizzabili facilmente in ogni essere animato, sono un caso eclatante. Per questa ragione tecnica, le ali sono assai spesso gli elementi tipici di organismi composti. Ed è anche possibile che questo si rifletta sulla concezione mitologica: le ali, meglio di qualsiasi altro attributo animale, servivano a indicare la natura demonica generale.

La differenza sostanziale tra lo stile artistico greco e quello orientale è quindi la presenza, da una parte, e l'assenza, dall'altra, di senso organico. Nelle rappresentazioni delle realtà, i greci mostrano freschezza e vivacità, gli orientali, per esempio gli egizi così come gli assiri, sobrietà e aridità. Nelle formazioni ideali dei greci si trova la concezione poetica della *natura*; nelle formazioni ideali degli orientali domina l'*artificiosità*, cioè la *fantasia*, proveniente dalla *riflessione*.

Bisogna dar maggior peso al fatto che nell'arte assira, qui principalmente discussa, le figure alate hanno in generale fini ornamentali. Sono attributive non solo per significato spirituale, ma anche per uso artistico, come dimostrano con chiarezza i cherubini. Come i vetero-testamentari arcangeli Michele, Gabriele eccetera, già per il nome stesso[35], non sono nient'altro che un'eco della maestà di Dio, così anche le figure alate non solo altro che un'eco della gloria del sovrano o del regno in questione. E qui tocchiamo il nocciolo dell'intera questione, vale a dire il carattere autentico dell'arte assira. Essa è e resta sempre decorativa; come detto, le formazioni statuarie libere sono rare oppure, come a volte sembra, povere e informi. Il dispotismo orientale uccise ogni vita naturale; l'armonia poetica si perse o, per meglio dire, non esistette mai. Manca la libertà creativa e, quindi, la capacità di creare interiormente figure organiche; per questo motivo, quell'arte si rifugiò nell'uso dell'attributo esteriore delle ali. Per essere ancora più chiari, l'invenzione delle ali testimoniava

---

[35] Cfr. W.W. von Baudissin, *Studien zur semitischen Religionsgeschichte*, Leipzig, Grunow 1876, pp. 31 ss.

l'impotenza artistica. Si potrebbe dire che l'arte greca sta a quella orientale come la vera eloquenza alla retorica. Questo paragone parla da sé, non ha bisogno di ulteriori spiegazioni.

Nell'arte assira, l'attributo delle ali indica essenzialmente caratteri demonici. Un'attestazione convincente di tutto questo, così come del senso organico del tutto assente nell'artista assiro, ci viene dal fatto che, fra tutti gli esseri alati autoctoni, solo uno voli veramente: il famoso dio del sole; un'evidente eccezione alla regola. Perché rappresenta il sole stesso e, quindi, è rappresentato mentre si libra sulla volta celeste. Quel dio non fa uso delle sue ali; gli sono state attribuite in modo immutabile. Tutte le altre figure alate sono trattate esteriormente come se non fossero mai nella posizione di librarsi verso il regno dei cieli. Degno d'interesse è il contrasto con l'arte greca più tarda, che rappresenta i suoi esseri alati (Eros, Nike eccetera) in situazioni molteplici, intente a librarsi in volo. Qui veniva realmente utilizzato l'attributo delle ali e, perciò, azionato, mentre nell'arte asiatica era aggiunto alle figure astrattamente e schematicamente, senza che si pensasse di unirle a un organismo vitale e completo. Di qui una chiara differenza tanto semplice quanto necessaria fra gli esseri alati inventati in Grecia e quelli provenienti dall'Asia: i primi volano, i secondi no. Per esempio, non volano generalmente la Sfinge e il Grifone; le ali sono solo un attributo simbolico, non una parte dell'organismo. Le singole eccezioni nell'arte greca più tarda, dove il Grifone e Pegaso di fatto volano, confermano la regola. Tali occorrenze, note sia all'arte anteriore, sia alla fioritura greca, sembrano prodotti di un periodo artistico decadente e, quindi, non possono sconvolgere la regola, che si basa su dati di fatto necessari dello sviluppo storico-artistico interiore. Si prenda come esempio l'Artemide di Aregone[36] innalzata da un Grifone, il cui artista (dalla datazione incerta) va posto alla fine, non all'inizio della storia della pittura greca. Un'Artemide innalzata da un Grifone non è immaginabile nell'arte greca anteriore.

Adesso torniamo agli assiri. Ai loro idealtipi, specialmente alle loro figure alate, manca generalmente l'unità vitale. Non basta il simbolo esteriore e violento, rappresentazione alquanto rozza

---

[36] Overbeck, *op. cit.*, p. 882; Brunn, *Griechische Künstler*, cit., vol. II, p. 7.

dell'idealità. Quelle figure non arrivano mai alla libertà artistica; restano tipi e, per lo meno in Oriente, non diventano mai individui. Perciò funsero in ambito decorativo da comodo mezzo di riempimento spaziale meccanico. I legami esterni e interni, artistici e nazionali, cooperarono, quindi, per produrre quell'esercito di esseri alati che popolarono e sovrappopolarono le sculture assire.

Sulle sculture assire, alcuni studiosi del passato[37] hanno già accennato alla possibile origine orientale di alcuni esseri alati greci; l'aspetto esteriore simile della Sfinge, del Grifone e di altre avvalorerebbe tale supposizione. Tuttavia questo è accaduto solo in alcuni tipi isolati, e sempre in modo più o meno incerto. *Di una derivazione principale del motivo artistico greco delle ali dall'Oriente non si è mai parlato finora.* Ora dobbiamo cercare di farlo. A tale scopo sarà necessario: 1) dimostrare la modalità con cui il motivo viene preso in prestito; 2) se ciò è avvenuto, inseguire le trasformazioni occorse ai tipi in questione; 3) utilizzare per questi tipi un procedimento non generale, ma specifico, e considerarli per se stessi; 4) dimostrare il principio generale effettivamente dominante a partire dai tratti corrispondenti dello sviluppo e della trasformazione storico-artistici, offerti da ogni singolo caso. Così potremo discernere con attendibilità ciò che è greco da ciò che non lo è nei tipi alati giunti dall'estero; e potremmo chiederci se e in che misura gli esseri alati greci posteriori vadano ritenuti prodotti autoctoni. Questa particolare d'indagine non è stata ancora condotta; ed è giunto il momento di farlo.

---

[37] E. Gerhard, *Gesammelte akademische Abhandlungen und kleine Schriften*, Berlin, Reimer, 1866, vol. I, p. 160. – P.O. Bröndsted, *De cista aenea Praeneste reperta*, Havniae, Schultz, 1834, p. 14 – Conze, *Anfänge griechischer Kunst*, cit., pp. 525 ss.

Capitolo V. *Animali alati*

Abbiamo visto che l'attributo delle ali nell'arte asiatica è estraneo, anzi antitetico allo spirito greco. È stato anche dimostrato che ci fu un periodo dell'arte e della poesia greche in cui non era presente alcun essere alato. Ma poi li riscontriamo nelle opere d'arte greche e, invero, relativamente presto. Cerchiamo di ricostruire gli anelli di congiunzione che favorirono direttamente o indirettamente il loro ingresso nell'arte greca.

La caratteristica essenziale dell'arte assira è stata riconosciuta nella presenza di forme immobili, per così dire di lettere dell'arte. I suoi esseri alati mostravano soprattutto una forma espressiva in larga parte animale. Essa prevale moderatamente anche negli esseri alati greci arcaici. La ragione di tale concordanza sarà dimostrata in seguito, quando verranno esaminati i legami concreti.

I più antichi esseri alati animali dell'arte e della poesia greche furono le Arpie e Pegaso. La singola ricerca deve partire cronologicamente da essi. Dato che non è più possibile accertare le fonti di Esiodo sull'uso delle ali, dobbiamo tentare di chiarire il mito stesso; per lo meno quello delle Arpie. La loro terra originaria è l'Asia minore o, più precisamente, la Licia; lo testimoniano già Omero e, più precisamente, le figure del monumento alle Nereidi di Xanthos. Possiamo chiamarle Arpie (come abbiamo accennato in generale) nella misura in cui il loro carattere stilistico è puramente greco; inoltre, fra i miti greci, nessuna delle azioni rappresentate corrisponde in egual misura al mito delle Arpie. Il nome puramente greco Ἅρπυιαι (arraffante) non indica un essere d'origine in parte straniera; allo stesso modo (come indicheremo in seguito), il nome greco Σειρῆνες (sirene) fu attribuito a un tipo artistico immutato originario dall'Oriente.

Le Arpie del mito sono démoni della morte che afferrano la loro vittima con la velocità del vento[1]; una visione sorta dalla riflessione ed espressa in forma fantastica, forse contraria alla

---

[1] O. Jahn, *Archäologische Beiträge*, Berlin, Reimer, 1847, p. 103.

natura[2]. Entrambe le forme richiamano alla mente gli esseri alati assiri; una modalità costitutiva simile deve essere alla loro base. Senza inseguire la storia del mito nello specifico, possiamo affermare che, rispetto alla concezione omerica, qui avviene una trasformazione; o, più precisamente, lo stesso mito alla loro base presuppone una struttura plastica differente. È chiaro che il carattere distintivo nazionale è molto importante. Nonostante i molteplici rapporti con la Grecia antica[3], la Licia resta sicuramente un paese in parte barbarico. E così accade al carattere delle figure delle Arpie. Spiritualmente, esse possono essere considerate in parte autoctone. Sono a metà strada fra il linguaggio formale asiatico e quello greco; e tale posizione le aiutò a introdursi quali primi e più antichi rappresentanti del nuovo attributo delle ali nell'arte greca.

Qui non si tratta di approfondire tutti quei tipi alati nei singoli monumenti, inseguendone lo sviluppo in tutto l'ambito storico artistico greco. Ci basta aver assegnato loro, per origine e utilizzo, un posto preciso nella nostra classificazione. Un'ulteriore trattazione del tema può proseguire ciò che abbiamo abbozzato, per giustificarlo nel caso specifico. Per ora dobbiamo precisare il genere e la modalità della prima apparizione del tipo nell'arte greca.

Bisogna anzitutto separare esteriormente la figura arcaica delle Arpie, in parte animale, dalla trasformazione successiva dei tipi sui vasi a disegno rosso, specialmente di stile più libero[4]. Il suo aspetto di giovane donna alata che indossa una veste lunga o corta, appartiene a uno sviluppo completamente diverso. Il mito originario della Licia presenta la forma antica; solo questa può esser stata importata direttamente in Grecia[5]. La rappresentazione delle Arpie sull'arca di Cipselo si lega, a dire il vero, a un mito

---

[2] A. Conze, *Zur Erkärung des Harpyenmonuments von Xanthos*, in "Archäologische Zeitung", XXVII, 1869, pp. 78 ss.

[3] Cfr. Bursian, *op. cit.*, p. 392.

[4] "Monumenti inediti pubblicati dall'Instituto di Corrispondenza Archeologica", III, 1839-43, tav. 49. – O.M. Stackelberg, *Gräber der Hellenen*, Berlin, Reimer, 1837, tav. 38. – J.V. Millingen, *Ancient unedited monuments*, London, 1822, vol. I, tav. 15.

[5] Cfr. J.F. Cerquand, *Les harpyies*, "Revue archéologique", II, 1860, pp. 367 ss.

greco; ma è importante che esso si svolga all'estero presso il re barbaro Fineo, il cui impero è collocato ora in Tracia, ora in Paflagonia[6]. Quest'ultima supposizione ci riporta nuovamente in Asia minore. Fra i tipi locali delle Arpie, accanto al monumento alle Nereidi di Xanthos, abbiamo alcuni esempi sulle monete di Cizico risalenti al VI secolo a.C.[7], così come su un rilievo licio[8]. Quest'ultimo è privo di particolare contenuto mitico e mostra un'Arpia seduta su una colonna, nella nota forma arcaica, circondata da uomini importanti. Un piccolo bronzo finora inedito dell'*Antiquarium* monacense[9] sembra esserci utile. Della sua origine non si sa nulla, ma esso mostra esattamente forme arcaiche; nel complesso, appare una replica delle Arpie del monumento di Xanthos proprio nel modo in cui tiene il bambino che ha con sé. La modalità è simile anche a due Arpie incise su un piattino d'oro proveniente da Cipro[10]; esse non differiscono da quel bronzo, ma sono opportunamente poste più tettonicamente a destra e a sinistra di una palma. Il piattino d'oro ha significativamente la forma di un'insegna caria.

Tutte queste rappresentazioni delle Arpie si differenziano degli esseri alati assiri per il fatto di essere chiaramente di sesso femminile. Arpie femminili, come detto, non sono presenti in alcun rilevante tipo assiro. Ora bisogna accennare a un'ipotesi che, a dire il vero, fu estesa a suo tempo sin troppo oltre[11], ma che appare oggettivamente fondata entro certi limiti. Si tratta della prevalenza del *principio femminino* nella vita e nel mito dei lici. Qui

---

[6] *Schol. Apoll. Rhod.* 2, 178.

[7] T.E. Mionnet, *Description de médailles antiques, grècques et romaines, recueil des planches*, Paris, Dubure, 1824, IX, 230, 21. – O. Prokesch-Osten, *Inedita meiner Sammlung autonomer altgriechischen Münzen*, Wien, Kaiserl.-Königl. Hof- und Staatsdr., 1854, tav. IV, p. 7. – J.V. Millingen, *Sylloge of ancient coins of Greek cities and kings*, London, 1857, pl. III, p. 39.

[8] E. Braun, *Sepolcro di Xanthos detto delle Arpie*, "Annali", XVI, 1845, p. 150.

[9] W. Christ e J. Lauth, *Führer durch das königlichen Antiquarium in München*, München, Strauh, 1870, p. 60, n. 906.

[10] A.P. di Cesnola, *Cyprus. Its ancient tombs and temples*, London, Murray, 1877, pl. 34, p. 1.

[11] J.J. Bachofen, *Das Mutterrecht. Eine Untersuchung über die Gynaikokratie der alten Welt nach ihrer religiösen und rechtlichen Natur*, Stuttgart, Krais und Hoffmann, 1861, *passim*.

non è il luogo per interessarsi dell'intera questione; ma precisi sintomi nelle rappresentazioni artistiche dell'Asia minore, e specialmente della Licia, confermano almeno in parte tale visione. Ci torneremo in seguito.

Del resto, il materiale monumentale delle formazioni più antiche non è molto abbondante. Tanto più rilevanti sono, dunque, alcuni ritrovamenti etruschi, che colmano le nostre lacune. Il legame acclarato fra l'arte etrusca e quella dell'Asia minore e di Cipro ci permette di contestualizzare tali prodotti artistici. Sul cosiddetto lampadario di Cortona[12] si trovano molte figure di volatili dalle teste femminili. Esse sono state abitualmente chiamate Sirene; ma s'intonano così tanto con le figure del monumento alle Nereidi di Xanthos, che, secondo una stimolante supposizione di Brunn[13], la denominazione di Arpie sarebbe quella più corretta. Tuttavia, queste ultime hanno già perso la loro individualità mitica; fungono soltanto da forme o da formule decorative immobili, i cui profili sono dati una volta per tutte e sono affini tettonicamente a qualsiasi altra rappresentazione. Anche qui le Arpie mostrano una convincente analogia con gli esseri alati assiri. Lo stesso vale per il frammento di un piatto di terra cotta[14], per un rilievo funerario ornamentale[15] e per la rappresentazione di una cista[16], così come per un recipiente bronzeo di Cere con le Arpie, databile al III secolo a.C.[17]. Esse appartengono tutte all'arte etrusca, ma sono state trasmesse immutate dall'arte greca arcaica, che, d'altronde, ci rimanda all'Asia minore.

Proprio la struttura convenzionale dovette spingere alla replica l'artista etrusco privo di libertà. Che poi si trattasse di una

---

[12] "Monumenti inediti", 1839-43, tav. 41; 42. – G. Abeken, *Il Lampadario di Cortona*, "Annali", XIV, 1842, pp. 53 ss. – A. Micali, *Monumenti inediti a illustrazione della storia degli antichi popoli italiani*, Firenze, Galilei, 1844, tav. 10.

[13] Supposizione orale.

[14] "Archäologische Zeitung", XXIX, 1872, tav. 68.

[15] "Monumenti inediti", V, 1849-53, tav. 14.

[16] Ivi, 64 n. 3. – H. Brunn, *Cista predestina del Museo Napoleone III*, in "Annali", XXXIV, 1862, p. 16. – Id., *Adunanze dell'Instituto*, in "Bullettino degli Annali dell'Instituto di Corrispondenza Archeologica", 1861, p. 9.

[17] W. Helbig, *Scavi di Capua*, in "Bullettino", 1871, p. 118.

riproduzione alquanto conforme, lo dimostra anche la disposizione così straordinariamente organica e stilizzata della decorazione sul lampadario di Cortona; esso trasuda spirito greco, architettonicamente pratico. Le Arpie sono, quindi, esseri mitici, se appaiono nell'arte greca; ma persiste una certa fissità e immutabilità del tipo, finché l'arte posteriore non ne trasforma completamente la figura. Poiché non abbiamo traccia di una loro modifica nelle immagini vascolari di stile austero (appaiono in esemplari chiaramente epigoni dell'epoca posteriore)[18], bisogna retrodatare la loro comparsa all'epoca successiva alle guerre persiane. In ogni caso, per le rappresentazioni dell'arca di Cipselo, dobbiamo accettare la forma asiatica anteriore in cui le Arpie furono importate. Esse furono piante straniere attecchite su suolo greco; ma col tempo riuscirono a farsi assimilare del tutto.

Mentre, nella figura delle Arpie, è chiaramente evidente la mano asiatica, così non è nel caso di Pegaso. Esso appare complessivamente meno fantastico delle altre. Va detto che Omero non ne parla mai, tanto meno la raffigurazione di Pegaso è artisticamente appurabile. Questo testimonia che la sua esistenza mitica (quantomeno nell'arte) iniziò relativamente più tardi. Del significato di Pegaso come destriero della fonte non possiamo trovare alcun indizio in tutta l'arte *figurativa* greca; che, quindi, possiamo ignorare. Di certo, il pensiero delle ali indica di per sé l'Oriente, come abbiamo visto. Che anche l'aspetto di Pegaso sia meno complesso, meno specificamente asiatico di quello delle Arpie, ne abbiamo conferma nell'arte assira. Le Arpie, infatti, non sono rappresentate direttamente, mentre Pegaso appare un semplice cavallo alato[19]. In tal caso, la forma greca e quella asiatica coincidono del tutto; aspetto importante, per il momento. E, se a rigore, la sua sostanza mitica è inferiore a quella delle Arpie, quella caratteristica è maggiore e più "compatta". Tutto questo si evince dal fatto che Pegaso conserva un proprio schema costante sino all'epoca più tarda dell'arte greca, mentre le Arpie, di contro, sono soggette a un cambiamento. La caratteristica attributiva è

---

[18] "Monumenti inediti", 1849-53, tav. 10, n. 8.
[19] Layard, *Niniveh*, cit., pp. 44, 50.

decisamente maggiore nelle Arpie; il che si spiega col carattere del tutto animale di Pegaso, e solo in parte dalle altre.

Sembra che il tipo di Pegaso appartenga a una categoria già discussa di rappresentazioni artistiche[20]. Si tratta di quei prodotti artisti stranieri che, importati sulla via del commercio o in altro modo in Grecia, vi consentirono la creazione di miti; mentre solitamente accadeva il contrario. Una teoria del genere è di per sé assai discutibile; ma è legittima solo in misura limitata. Andremmo troppo lontano se noi, anche solo in singoli casi, volessimo condannare alla dipendenza tutta o una parte della mitologia. È opportuno considerare una forma d'interazione tra arte e mito, affinché entrambe favoriscano il rispettivo sviluppo. Questo è probabile anche per Pegaso. Si comprenderebbe il suo concetto in maniera decisamente angusta se ne vedessimo solo un membro della saga delle Gorgoni e di Bellerofonte. Ovviamente qui si parla esclusivamente di tipo artistico. Il cui fondamento è il cavallo alato, utilizzato in modo differente.

La nostra ipotesi è corroborata dal fatto che, sul rilievo arcaico di Melo, il cavallo di Bellerofonte non è ancora alato[21]; tale circostanza esula in ogni caso dal mito[22]. La rappresentazione più antica conservata e, allo stesso tempo, sicuramente databile di Pegaso si trova sulla metopa di Selinunte[23]. Essa mostra le ali e, cronologicamente, non è databile molto anteriormente all'arca di Cipselo. A quell'epoca (intorno alla XLV Olimpiade) deve essersi formato il mito di Pegaso, stando a Esiodo. Perché, sulla stessa arca di Cipselo, non si trovava alcun utilizzo individuale, né generalmente mitico del cavallo alato (come il carro di Pelope

---

[20] Milchhöfer, *Sphinx*, cit. pp. 56 ss. – Cfr. G. Semper, *Stil in den technischen und tektonischen Künsten, oder praktischen Ästhetik*, München, Bruckmann, 1879, vol. II, p. 139, n. 1. – E. Curtius, *Mélanges d'archéologie pour servir à l'histoire de la symbolique ancienne*, in "Nuove Memorie", II, 1865, p. 376.

[21] Milligen, *op. cit.*, tav. II, 2-3. K.O. Müller, F. Wieseler, *Denkmäler der alten Kunst. Antike Denkmäler zur griechischen Götterlehre*, Göttingen, Dieterich, 1854, vol. I, 52.

[22] Cfr. A.H. Fischer, *Bellerophon. Eine mythologische Abhandlung*, Leipzig, Weidmann, 1851. – L. Stephani, *Erklärung einiger im Jahre 1862 bei Kertsch gefundenen Gegenstände*, in "Compte-rendu de la Commission Imperiale archéologique", III, 1864, pp. 30 ss. – R. Engelmann, *Bellerofonte e Pegaso*, "Annali", XLVI, 1874, pp. 5 ss.

[23] Cfr. J. Overbeck, *Geschichte der griechischen Plastik*, 2. Auflage, Leipzig, Hinrichs, 1869, vol. 2, p. 86.

ecc.). Non sarebbe bastato impiantare il simbolo straniero sul mito indigeno già presente, come nel caso di Pelope, e in parte legato all'Asia. L'esempio più antico in nostro possesso sono le due immagini vascolari già menzionate, di cui una è solo un frammento[24]. Esse appartengono a quel periodo dello stile geometrico transitorio verso quello orientalizzante; lo stile puramente geometrico, come abbiamo già accennato, non conosce né il cavallo alato, né altri esseri alati. In entrambi i casi, abbiamo apparentemente carri di divinità irriconoscibili, tirati da cavalli alati. Questi hanno, dunque, un valore generale, non individuale; non è lecito pensare al mito di Pegaso. Che quei cavalli alati siano imparentati, da un punto di vista cronologico e contenutistico, con quelli dell'arca di Cipselo, è indubbio. La rappresentazione di una lira a sette corde può essere databile con una certa probabilità al periodo successivo a Terpandro (all'incirca la XXV Olimpiade)[25]. Apparenti incongruenze relative alle sette corde sulle immagini vascolari a disegno nero[26] necessitano di una ricerca sull'autenticità del suo arcaismo. Dovrebbe colpirci maggiormente una negligenza metodologica di fronte alla semplice coscienziosità con cui i pittori vascolari più antichi trattavano il dato fattuale. Poiché, per ragioni ancora da discutere, quei vasi devono essere anteriori all'arca di Cipselo, possiamo datarli con una certa sicurezza all'epoca della XXV-XXXV Olimpiade. Essi sono una prova del fatto che, all'epoca, il cavallo alato aveva ancora conservato il suo significato generale orientale. Esso rappresenta concordemente il più antico essere alato greco presente sia nella poesia, sia nella tradizione artistica letteraria e monumentale: quella di Esiodo, dell'arca Cipselo e dei recipienti d'argilla melii. Non è un caso, anzi si deve al carattere già evidenziato dell'arte greca, che l'essere alato più antico sia proprio quello che, fra i tipi animali, mostra il carattere meno fantastico.

---

[24] Conze, *Melische Thongefässe*, cit., tav. 4. – Id., *Textvignette* = "Archäologische Zeitung", XII, 1854, tav. 62.

[25] Brunn, *Adunanze*, cit., p. 9. – Cfr. C.J. Hermann, *Antiqu. Lanicae*, p. 72 ss.

[26] Carl von Jan, *Die griechischen Saiten-Instrumente*, in "Archäologische Zeitung", XLVI, 1858, p. 187.

Pensiamo anche alla forma ricurva delle ali in quei vasi e tipica di certi esseri alati orientali, così come di quasi tutti quelli greci più antichi. Si tratta chiaramente dello sforzo, da una parte, di stilizzare le ali in maniera più rigorosa di quanto accadesse in natura, e, dall'altra, di inserirle al meglio in certi ambiti tettonici. Un ulteriore contenuto simbolico non è alla base di questa forma; che, anzi, proveniva essenzialmente dal bisogno di stile. Vediamo come questo elemento rappresentativo preso in prestito dall'arte assira iper-stilizzata si sia inserito organicamente in modo sottile in quella greca. Il sentimento formale architettonico, che mancava agli orientali, così come agli etruschi, è sempre determinante nei greci. Oltretutto, questo conferisce un'evidenza lampante a entrambi i vasi[27], nonostante la tecnica primitiva. L'impiego tettonico delle ali è assolutamente chiaro. Per esempio, nascondendo la coppia di ali, la superficie decorativa del vaso perderebbe subito ogni sostegno e baricentro.

Non importa che, in tal caso, le ali, così come il tipo di un cavallo alato, servano a delineare la velocità sovrannaturale. Sull'arca di Cipselo bisognava mostrare la vittoria di Pelope; perché la saga di Mirtilo è più tarda[28]. Lo stesso dicasi se sul carro abbiamo le Nereidi e altrove Zeus[29], Poseidone[30], Elio[31] ed Eos[32]. In ogni caso, le ali del cavallo hanno un significato metaforico; non si pensa a un volo reale: quindi Pelope usa le sue per correre. Questo non va ignorato per meglio comprendere l'origine dell'attributo delle ali. La lotta di Bellerofonte, che cavalca per aria

---

[27] Conze, *Melische Thongefässe*, cit., tav. 4.

[28] Pind., *Olimpiche* I, 86 ss. – F.G. Welcker, *Die griechischen Tragödie mit Rücksicht auf den epischen Cyclus geordnet*, Bonn, Weber, 1839, vol. I, p. 257. – O. Jahn, *Archäologische Aufsätze*, Greifswald, Koch, 1845, pp. 6, 7. – R. Kekulé von Stradonitz, *Pelope ed Ippodamia*, in "Annali", XXXVI, 1864, p. 85.

[29] Apollodor. 1, 6, 3, 10. – Cfr. E. Petersen, *Kunst des Pheidias am Parthenon und Olympia*, Berlin, Weidmann, 1871, p. 205.

[30] Gerhard, *op. cit.*, 10; cfr. 178-79.

[31] *Musée Blacas. Monuments grecs, etrusques et romains*, Paris, Didot, 1829, pl. 17. – A. de Laborde, *Collection des vases grecs de Mr. le Comte de Lamberg*, Paris, Didot, 1813, vol. II, Titelvignette. – Stackelberg, *op. cit.*, tav. 15. – Cfr. Eurip. Ion. 122.

[32] Gerhard, op. cit., 79, 80. – Id., *Griechischen und etruskische Trinkschalen des Königlichen Museums zu Berlin*, Berlin, Schade, 1840, tav. 8. – Cfr. *Tzetzes zu Lykophron Kass.*, vol. 16.

con la Chimera, appartiene a un'arte assai più tarda. Gli artisti greci tendevano a utilizzare lo schema tradizionale del cavallo alato, se sembrava loro adatto. Esso produce effetti artistici e mitici, senza in qualche modo negare la sua origine o la sua patria. Stando ai tipi di Pegaso presenti sulle monete antiche di Corinto[33], sembra che questa città abbia giocato un ruolo di mediazione; e Corinto ci riporta nuovamente all'arca di Cipselo.

Ma, mentre in questo caso, Pegaso non possedeva ancora un contenuto mitico consapevole, il semplice cavallo alato sbiadisce in epoca successiva in un accessorio puramente esteriore, persino di ambiente di genere[34]. Il cavallo alato serve non di rado a riempire semplicemente spazi tettonici, in opere greche[35], come etrusche[36]. Indicativo è l'esempio di un bronzo arcaico di Dodona[37], che mostra un cavallo alato privo di legame mitico, unito semplicemente come maniglia di un recipiente. Dobbiamo, quindi, considerare questi tipi non come una varietà del Pegaso mitico, ma come una varietà e una sottospecie di un tipo generale di cavallo alato. Perché, come abbiamo visto, il significato tipico più antico del cavallo alato perdura sempre accanto al suo significato mitico-individuale, come avviene in Pegaso.

Non è forse un caso che proprio il mito delle Arpie e di Bellerofonte sia di casa in Licia[38]. Dove, infatti, abbiamo non pochi monumenti al riguardo. Le saghe si concentrano nel paese da cui ricevono i tipi artistici. Questo vale per le Arpie come per Pegaso. Sono entrambi esseri mitici, ma di un genere del tutto

---

[33] Cfr. Imhoof-Blumer, *Die Münzen Arkananiens*, in "Numismitsche Zeitschrift", X, 1878, pp. 5 ss.
[34] O. Jahn, *Beschreibung der Vasensammlung König Ludwigs in der Pinakothek zu München*, München, Lindauer, 1854, n. 675. – A. Nöel des Vergers, *L'Étrurie et les Etrusques*, Paris, Didot, 1862, pl. 15.
[35] Cfr. Gerhard *Trinkschalen*, cit., tav. 13, 1.
[36] Cfr. Micali, *op. cit.*, tav. 28.
[37] C. Carapanos, *Dodone et ses ruines*, Paris, Hachette, 1878, pl. 20 n. 2.
[38] Per esempio C. Fellows, *An Account of Discoveris in Lycia, being a journal kept during a second excursion in Asia Minor*, London, Murray, 1841, pl. 13; Id., *Coins of Ancient Lycia before the reign of Alexander*, with an essay on the relative dates of the Lycian Monuments in the British Museum, London, Murray, 1855, tav. 16, n. 1. – T.A.B. Spratt ed E. Forbes, *Travels in Lycia, Milyas, and the Cibyratis*, London, Van Voorst, 1847, vol. I, 34.

particolare. Come tutti gli esseri alati, essi si basano su un pensiero concettuale, che tuttavia ha origine non da una mente greca ma da una asiatica. I greci lasciano semplicemente agire la visione sensibile su di loro e utilizzano il mezzo artistico tradizionale per la rappresentazione dei processi mitici. Se e in che misura il processo fosse consapevole del carattere simbolico originario di tali esseri, va stabilito caso per caso. Con tutta probabilità non esisteva sempre una resa certa.

Bisogna sottolinearlo ancora una volta: possiamo risalire da uno sviluppo artistico a uno letterario. Da quanto abbiamo detto finora, possiamo supporre che anche Esiodo abbia in quale modo ricevuto le sue idee delle ali dall'Asia minore. Il che si accorda perfettamente col fatto che esse appaiono sull'arca di Cipselo. Poeti e artisti crearono da una fonte comune. Non mancano neanche le indicazioni esteriori; l'appariscente concordanza del lampadario di Cortona con la composizione dello scudo esiodeo[39] è solo un'ulteriore dimostrazione di come, in questo caso, la concezione poetica sia vicina a quella artistica.

Gli esseri alati si accodano a quelli esteriormente e interiormente affini. Tra i quali segnaliamo, indubbiamente, la Sfinge. Una differenza essenziale tra la sua concezione egizia e quella assira è che, nel secondo caso, la figura è utilizzata autonomamente, mentre nel primo in modo puramente tettonico. Questo si deve al fatto che il suo attributo delle ali comparve in Egitto più tardi e solo raramente; forse, esso fu persino introdotto dall'Assiria. E se quell'utilizzo tettonico si giustifica in base al carattere dell'arte assira, non poteva restare privo d'influsso anche sull'arte greca. La Sfinge, così com'era conosciuta precedentemente in Grecia, rinunciò al suo contenuto ideale, riducendosi a semplice simbolo. Proprio quell'essere alato è particolarmente adatto a fornire un esempio del genere di immagine mitica sorta dal carattere artistico[40]. Rammentiamoci anche dell'aspetto esteriore: mentre la Sfinge assira appare spesso virile e barbata[41] sui cilindri[42], quella greca è quasi sempre

---

[39] Brunn, *Kunst bei Homer*, cit., p. 21.
[40] A. Milchhöfer, *Sphinx*, cit., *passim*.
[41] Layard, *Niniveh*, cit., pl. 45, 49.

femminile o, più precisamente, sbarbata. Probabilmente, nella trasmissione, la Sfinge assira dalla testa sbarbata o di eunuco fu ritenuta erroneamente femminile. Essa perse anche la sua individualità mitica originaria, se mai la possedeva, oppure, come altri esseri alati, divenne semplice lettera tettonica. Come l'industria fenicia abbia partecipato a tale trasformazione, resta per ora poco chiaro.

I monumenti dell'Asia minore, per quanto ne sappiamo, mostrano decisamente l'abituale tipo greco; così accade nel tempio di Asso e nel monumento delle Arpie. Isolato è il caso di una Sfinge non alata di Mileto[43], che non è rara nemmeno a Cipro[44]; quest'ultima risente chiaramente dell'influsso egizio. Il tipo specificamente orientale della Sfinge barbata ricompare proprio a Cipro[45], non di rado anche nelle immagini vascolari corinzie e, per esempio, in un bronzo arcaico di Dodona[46]. Una pietra intagliata con la stessa rappresentazione proviene dalla Licia[47] e sembra indicarci che quel paese, proprio come nel caso delle Arpie e di Pegaso, agisse da stazione intermedia nell'importazione greca. Di contro, le Sfingi, che *altrimenti* sarebbero ritenute femminili[48], non sono mai presenti nell'arte assira, molto di rado in quella greca sino alla fioritura, il che può essere ritenuto un tratto nazionale licio. Perché i tipi in questione sono elaborati scrupolosamente in uno stile – tardo arcaico – che sembrava apparire una formula immobile e tradizionale dell'arte decorativa. Cipro, che solitamene tradisce nell'arte e nella lingua l'influsso licio, ci fornisce tipi simili[49].

---

[42] "Monumenti inediti", 1849-53, tav. 13, n. 24. – "Archäologische Zeitung", XII, 1854, tav. 64, 2.
[43] C.T. Newton, *Travels and Discoveries in the Levant*, London, Day, 1865, vol. II, 155.
[44] Cesnola, *op. cit.*, tav. 48.
[45] Ivi, pl. 34, 5; 37, 13.
[46] Carapanos, *op. cit.*, b. 20, 1.
[47] A. Milchhöfer, *Sphinx*, cit., p. 52.
[48] A. Prachov, *Antiquissima monumenta Xanthiaca*, S. Petersbourg, Benke und Gabermann, 1871, pl. IV, 2; V, 1, 2.
[49] Cesnola, *op. cit.*, p. 267.

Nei reperti micenei[50] e spatiati[51], la Sfinge è già alata e sbarbata, ma ancora profondamente assirizzante nello stile. Il che, insieme ad altre circostanze, dimostra chiaramente che la Sfinge, cioè il suo tipo artistico, giunse in Grecia non attraverso l'Egitto, come si pensava finora, ma dall'Assiria; e non solo come figura alata.

A dire il vero, non si menziona alcuna rappresentazione della Sfinge sull'arca di Cipselo; ma su un altro monumento antico (il trono di Amicle), essa era utilizzata in un modo assai simile: vale a dire sotto i cavalli dei Dioscuri[52]. Qui va detto che l'arte di Baticle proveniva dall'Asia minore; il seguito viene da sé. Dobbiamo ancora confrontare i tipi di Sfinge sulla lastrina vitrea delle tombe di Camiro[53], che media tra l'arte asiatica e quella greca, così come la tipica Sfinge greca puramente ornamentale utilizzata nelle ricche immagini dei vasi imitatori dello stile metallico e tappezzieristico orientale[54]. La doppia rappresentazione vascolare di puro e chiaro arcaismo greco (quelle di Dodwell e di François) è senza dubbio di natura tettonica; la tradizione originaria è stata rispettata. Anche i tipi statuari della Sfinge di questo genere non sono rari[55]; in generale, sono vicine, per uso, alle rappresentazioni etrusche pertinenti.

Non possiamo stabilire come il mito greco della Sfinge, che va separato chiaramente dalla figura simbolica originaria dell'Asia dello stesso tipo, si sia evoluto partendo da quello asiatico. Conta il fatto che la creazione dell'intera figura e l'utilizzo delle ali siano estranei allo spirito greco, ora come in passato. Quello spirito si sarebbe poi rassegnato alla creazione mostruosa, inserendola in un

---

[50] H. Schliemann, *Mykenae. Bericht über meine Forschungen und Entdeckungen in Mykenae und Tiryns*, mit einer Vorrede von W.E. Gladstone, Leipzig, Brockhaus, 1878, p. 213 n. 277.

[51] "Athenaion", 1877, *I fregi tettonici greci*, parr. 4-7.

[52] Paus. 3, 18, 14.

[53] *Miscellen aus dem britischen Museum*, "Archäologische Zeitung", IV, 1872, p. 105.

[54] Cfr. *British Museum Catalogue*, London, 1880, 422. – Micali, *op. cit.*, 43, 3. – "Annali", XXXVIII, 1866, tav. d'agg. R. – Conze, *Melische Thongefässe*, cit., tav. V, 9.

[55] G. Treu, *Griechische Thongefässe in Statuetten und Büstenform*, Berlin, Winckelmannsprogramm, 1875, pp. 11-12.

mito poetico: quello della Sfinge tebana[56], animando certamente l'immagine morta. Questo, tuttavia, non poté cancellare lo stato delle cose, ma solo velarlo. Anche nella fioritura greca, le figure delle Sfinge che reggono i fanciulli sul trono di Zeus di Fidia a Olimpia[57], così come la decorazione dell'elmo del Partenone[58], ricordano chiaramente, da una parte, il carattere puramente simbolico-attributivo, e, dall'altra, quello tettonico-ornamentale della Sfinge alata nel suo paese d'origine: l'Assiria. Anche nelle immagini vascolari più tarde[59], la Sfinge appare ricoprire questa funzione; non diventa mai una figura realmente autonoma né nel mito, né nell'arte dei greci.

Singole immagini vascolari dello stile figurativo rosso mostrano, invero, una trasformazione della Sfinge, che apparentemente è indicativa di una funzione autonomamente mitica. Ecco le rappresentazioni di un oracolo della Sfinge o dell'indovinello[60] e una con una Sfinge dotata di un nimbo solare[61]. Ma, a prescindere dal fatto che si tratti di casi abbastanza isolati, queste rappresentazioni o altre simili possono solo indicare che dal mito di Edipo si è generalizzato un pensiero privo di contenuto mitico. L'Arpia fu utilizzata in modo simile. Nella seconda rappresentazione, la Sfinge sembra presentarsi in posa più attributiva, come simbolo dell'Oriente luminoso; ed è possibile ricostruire con sicurezza l'idea dell'artista. In ogni caso, però, la Sfinge non ottiene neanche in questo caso un carattere autenticamente mitico.

Ora dobbiamo occuparci di esseri alati animali come il Grifone e le Sirene. Il primo appare nei monumenti assiri più antichi in

---

[56] Cfr. Jahn, *Beiträge*, cit., pp. 112 ss. – J. Overbeck, *Gallerie heroischer Bildwerke der alten Kunst*, Stuttgart, Ebner und Seubert, 1857, p. 26 ss.

[57] Paus. 5, 11, 2.

[58] Cfr. C. Lenormant, J.J.A.M. de Witte, *Élite des monuments céremographiques*, Paris, Leleux, 1861, vol. I, p. 67.

[59] Gerhard, *op. cit.*, tav. 1, 7. – Jahn, *Vasensammlung*, cit., n. 405. – De Vitte, *Élite*, cit., I, p. 62. – Cfr. H. Brunn, *Zur Interpretation des Harpyienmonuments*, in "Sitzungsberichte der K. Bayerischen Akademie der Wissenschaften", II, 1872, p. 524.

[60] "Bullettino", 1853, pp. 69-75.

[61] F.G. Welcker, *Antike Denkmäler*, III. Teil: *Griechische Vasengämalde*, Göttingen, Dieterich, 1851, 11; pp. 72 ss.

una figura che concorda totalmente con quella greca[62]. Anche nell'arte egizia i Grifoni sono alati, ma, come pare, solo nelle rappresentazioni a partire dall'epoca della XVIII Dinastia e, quindi, non si esclude un eventuale influsso assiro[63]. Che il carattere del Grifone greco sia giunto direttamente dall'Assiria, può essere ammesso con certezza[64]. Anch'esso sembra essere immigrato dall'Asia minore; alcune monete licie sono le opere artistiche più antiche che rappresentano il Grifone[65]. Un Grifone su una piastra dorata sbalzata si trova anche a Micene[66]. Nella tradizione letteraria è noto il dono votivo di un samiota, risalente all'incirca alla XXXVII Olimpiade[67], decorato con le teste di Grifoni; quindi anche qui abbiamo un tardo uso tettonico. Per contenuto artistico ed epoca[68] si lega a quel monumento un'oinochoe proveniente da Thera; la sua bocca consiste in una testa di Grifone[69]. Un recipiente simile di stile più tardo[70] contiene, tra le sue pitture, la figura completa di un Grifone. Di contro, è raro il Grifone sui vasi greci cosiddetti orientaleggianti, così come, generalmente, sulle immagini vascolari genuine dalle figure nere. Pare che essi servissero più alla decorazione plastica che a quella pittorica. Questo si spiega in base all'essenza della sua figura; la forma stessa concisa e tigliosa, l'assenza di un'ampia superficie poco si adattavano alla pittura. Un'eccezione è rappresentata dal vaso di François. Come le formazioni della Sfinge e per sua composizione, esso utilizza i Grifoni in senso tettonico come il reperto assiro. Questo vale anche per le altre reminiscenze specificamente orientali presenti su questo vaso.

---

[62] Layard, *Niniveh*, cit., pl. 8 e ss.

[63] I. Rosellini, *I monumenti dell'Egitto e della Nubia*, Pisa, Capurro, 1844, vol. I, 44A; II, 90, 6; 121, 27.

[64] Conze, *Anfänge griechischer Kunst*, cit., p. 526.

[65] Fellows, *Coins of Lycia*, cit., pl. 1, 6; 10, 5; 11, 2; 14, 1.

[66] Schliemann, *op. cit.*, p. 211, n. 272.

[67] Herodot. 4, 152.

[68] Cfr. Conze, *Anfänge griechischer Kunst*, cit., p. 525, n. 3.

[69] "Monumenti inediti", IX, 1869-73, tav. 5, n. 1.

[70] Ivi, n. 2.

Le altre numerose rappresentazioni del Grifone nell'arte greca[71] non offrono alcuna modifica sostanziale del tipo o della sua funzione. Il suo particolare significato apollineo[72] gli era stato conferito precedentemente. A noi importa soprattutto che il Grifone, come prodotto fisso giunto dall'Oriente, apparteneva alle figure alate più antiche dell'arte greca e non l'abbandonò sino all'età più tarda. Proprio in epoca tarda, va osservato che le lotte spesso inscenate fra il Grifone, i Barbari[73], le Amazzoni[74] o gli Animali[75] ricordano chiaramente il cosiddetto schema assiro dell'addomesticatore di animali. Questa rappresentazione particolarmente amata in epoca alessandrina risale agli esordi dello sviluppo storico: una nuova testimonianza delle molteplici relazioni fra l'arte tarda e quella anteriore. Per inciso, si perderebbe solo del tempo a individuare una serie di punti in comune e a ricondurre tutto sotto un punto di vista unitario.

Per ciò che riguarda, infine, le Sirene, questi nomi sono attribuiti a un tipo artistico greco composto da figura umana e alata. Quegli esseri, in linea con altri animali fantastici, sono molto frequenti nelle rappresentazioni vascolari orientalizzanti; talvolta appaiono barbate[76]. Questo aspetto, e persino la descrizione omerica delle Sirene[77], che non fa accenno alle loro ali, indicano un'origine straniera, attestata dalla grande affinità col tipo delle Arpie. La somiglianza non è solo esteriore, ma anche interiore: entrambe sono una sorta di démone della morte. Le differenze sono difficilmente osservabili, ma esistono. Le Sirene, per

---

[71] Cfr. Stephani, *op. cit.*, p. 70 ss.

[72] *Ibidem.*

[73] "Revue archéologique", III, 1862, pl. 20. – S. Reinach, *Antiquités du Bosphore Cimmérien*, réédités avec un commentaire nouveau et un index général des comptes rendus, Paris, Didot, pl. 45, 46.

[74] W. Tischbein, *Collection of engravings from ancient vases of Greek workmanship*, Napoli, Accademia Reale di Pittura, 1795, vol. II, 9.

[75] A.L. Millin, *Peintures de vases antiques vulgairement appelés étrusques*, Paris, Didot, 1808, vol. I pl. 21. – Id., *Galerie mythologique. Recueil de monuments*, Paris, Soyer, 1811, 164, 599. – E. Pistolesi, *Real Museo Borbonico*, Roma, Minerva, III, 1839, tav. 61.

[76] Cfr. Stephani, *op. cit.*, p. 52.

[77] *Odissea* 12, 44 ss. – Cfr. Eurip. Fragm. 903, in A. Nauck, *Tragicorum Graecorum fragmentis observationes criticae*, Leipzig, Teubner, 1856

esempio, non sono mai rappresentate nell'atto di rubare, come le Arpie; le quali sono un mostro attivo di fronte a una natura più passiva. Le Sirene hanno, quindi, una decorazione pittorica sin troppo pura, mentre le Arpie hanno fini tettonici; i vasi orientalizzanti presentano il primo uso, il lampadario di Cortona il secondo. Rammentiamoci anche dei Caledoni sul frontone dell'antico e iper-rivestito tempio di Delfi[78], che ricordano la tecnica asiatica. Da tutto ciò risulta chiaro che le Sirene, contrariamente alle Arpie, presentano ancora un certo grado di immobilità e di convenzionalità. Mentre le prime sono originarie per lo meno della Licia greca, le altre indicano un diretto legame con l'Assiria. Che le Sirene siano frequentemente barbate, mentre le Arpie non lo siano mai, è solo un'ulteriore conferma della nostra congettura.

E, proprio da questo punto di vista, è possibile avanzare un nuovo distinguo tra l'apparizione di questi due animali alati. Le Sirene, cioè i cosiddetti uccelli dalla testa umana, sono chiaramente giunti come tipi dall'Asia; esse non volano mai, come il Grifone e la Sfinge. Le Arpie, di contro, possono per lo meno essere rappresentate alate; se sono démoni arraffanti della morte, possono persino volare. Esse sono già state toccate dallo spirito greco organicamente educato; il loro carattere artistico elimina ogni ulteriore dubbio.

Fra l'altro, il nome delle Sirene non è utilizzato con esattezza per indicare ogni volatile dalla testa umana, sebbene così vengano chiamate nell'antichità. Al mito originario delle Sirene omeriche, esse sono del tutto estranee. Le quali, purché si risalga a Omero, sembrano essersi sviluppate artisticamente in età ellenistica. Così si trovano rappresentate anche sulle urne etrusche con aspetto esclusivamente umano. Le Sirene non vanno, quindi, affatto ritenute un perfezionamento o una deformazione della creazione omerica puramente umana; la loro origine orientale è alquanto chiara. Successivamente, esse furono collocate spesso sulle tombe

---

[78] Paus. 10, 5, 12. – Philostr. Vit. Apoll. Tyan. VI, 11 p. 222, in C.L. Kayser, *Flavii Philostrati Opera auctiora*, Leipzig, Teubner, 1870. – Cfr. F.G. Welcker, *Griechische Götterlehre*, Göttingen, Dieterich, 1860, vol. III, p. 167.

quali démoni della nenia funebre[79]; oltretutto, il legame appare evidente per le Sirene che adornano i naufraghi di Efesto[80]. Adesso dobbiamo ignorare quell'evoluzione del tipo della Sirene, tanto più quello indicato nelle nuove monografie, molto doviziose di materiale[81], anche se dal giudizio inesatto[82].

Bisogna sottolinearlo ancora una volta e fornire ulteriore dimostrazione circa l'origine greca di tutti questi animali alati, dato che la poesia arcaica ne parla generalmente poco, e Omero per niente. Pegaso, la Sfinge, il Grifone non sono mai accennati nelle sue opere, le Arpie e le Sirene solo nella figura tramandata dall'arte antica. Tutte queste formazioni doppie e ibride, come già è chiaro per ragioni innate, sono originariamente estranee al senso organicamente formale dei greci. Va rimarcato il loro legame con l'immaginario asiatico e con l'arte assira. Non è caso che fosse generalmente preferita la forma animale. All'epoca si adattava meglio a quegli esperimenti violenti della fantasia in virtù della sua organizzazione inferiore rispetto alla figura umana. Questo vale anche per la poesia; non può destare meraviglia come proprio i più antichi esseri alati esiodei seguissero quella regola. Essi assunsero successivamente in Grecia la forma animale (nell'uso più o meno decorativo) più facilmente di quanto non accadesse ai tipi umani con impronta nazionale straniera. Che, nell'importazione dei tipi animali alati, abbia giocato un ruolo anche la tecnica tessile, è probabile; nelle rappresentazioni autenticamente arcaiche, come sul vaso di François, le vesti liturgiche sono decorate con animali alati intessuti. Le immagini vascolari più tarde di stile pittorico riassumono questo motivo in epoca ellenistica, proprio sotto il rinnovato influsso orientale[83].

---

[79] G. Friedländer, *Bassorilievo con rappresentanza delle Sirene*, "Annali", XXXI, 1859, p. 413.

[80] Diodor. 17, 115.

[81] Stephani, *op. cit.*, 1866, p. 10-66; 1870-71, p. 143-60. – H. Schrader, *Die Sirenen nach ihrer Bedeutung und künstlerischen Darstellung im Alterthum*, Berlin, Reimer, 1868.

[82] Cfr. E. Plew, H. *Schräder über die Sirenen*, in "Neue Jahrbücher für Philologie und Pädagogik", IC, 1869, pp. 175, 179.

[83] Cfr. "Monumenti inediti", 1869-73, tav. 43. = A. Conze, *Notizie degli scavi di antichità*, in "Wiener Vorlegeblätter für archäologische Übungen", I, 1869, tav. 7.

In ogni caso, l'arte greca limita chiaramente l'assunzione di quegli animali fantastici orientali. Indicativo è il fatto che, per esempio, gli uomini-leone e i minotauri, che noi potremmo ritenere simili ai cherubini, non siano mai stati introdotti in Grecia. In parte, questo dipende dal fatto che erano usati prevalentemente per fini monumentali e che, quindi, la concezione greca era loro del tutto estranea; in parte, però, anche dall'aspetto organico della loro essenza, che contraddiceva totalmente lo spirito plastico dei greci.

Ma quegli animali alati accolti dall'Asia conservarono forme immutate e artisticamente stabilite. Pur privo di formazione teorica, l'artista poteva utilizzarle come e quando voleva; è probabile che non fosse troppo scrupoloso. La libertà, per non dire l'arbitrarietà degli artisti greci nell'uso di una o dell'altra forma architettonica o tettonica presente, tra cui bisogna annoverare gli animali alati, era abbastanza circoscritta. Non si poteva attribuire a una Sfinge o un cavallo lato un significato particolare[84]. Questi tipi – rispetto alla rappresentazione orientale – furono formalmente nobilitati dagli artisti greci; ma, fondamentalmente, restarono anche qui ciò che erano in patria: simboli fissi, per certi versi paragonabili ai geroglifici egizi. Potremmo chiamarli parole straniere. Ciò che Brunn osserva nell'uso dei motivi assiri e nel loro cambiamento per mano dell'arte realistica omerica[85], vale anche per gli idealtipi degli animali alati. Gli archetipi asiatici furono utilizzati e introdotti nello spirito individualizzante greco. Poiché la loro assunzione ebbe luogo in un età in cui si muovevano i primi passi sulla strada dell'arte ideale, essi furono particolarmente benaccetti. Indubbiamente, la vita completa non poteva alitare dentro di essi. In seguito, avvenne un cambiamento violento: il simbolo morto delle ali si sviluppò in epoca più tarda nell'organismo artistico vivente. Ecco come lo spirito attivo e plastico greco prevale sull'Orientalismo passivo e astratto.

Abbiamo già detto che le figure alate assire – contrariamente a quelle greche più tarde – non fanno alcun uso del loro attributo, cioè le ali non hanno mai una funzione attiva, come accade nelle

---

[84] Cfr. H. Brunn, *Rappresentanze della Sfinge*, in "Bullettino", 1853, p. 75.
[85] Id., *Kunst bei Homer*, cit., p. 7.

altre. Questo punto di vista è importante specialmente per quegli animali alati di casa in Asia minore, da un punto di vista mitico e artistico. Anche qui assumono una posizione intermedia tra gli esseri alati greci e quelli orientali. Le Arpie di figura più antica, benché asiatiche per costituzione, appaiono già volanti. Nell'arte arcaica, Pegaso cammina a terra come semplice cavallo alato, in quella tarda si libra in volo con Bellerofonte. Quanto più un tipo artistico importato in Grecia concorda con i principi dello sviluppo artistico puramente greco, indirizzati senza eccezione alla forma espressiva reale, tanto più facilmente prenderà vita nella sua nuova patria. Per questo, nell'arte greca più tarda, Pegaso si trova rappresentato prima e assai più spesso volante rispetto al Grifone puramente fantastico, in deroga al suo aspetto naturale. Quanto più vicine alla natura sono quelle figure, tanto più mobili diventano col passare del tempo e tanto più facilmente perdono, in casi particolari, il loro carattere simbolico prestabilito. L'azione artistica si oppone al simbolo artistico; a rigore, si escludono a vicenda. La chiara differenziazione tra gli elementi astratti e quelli reali è di grandissimo significato nella cultura asiatica come in quella greca.

Il contenuto ideale autentico di tutti gli animali alati tettonici, se così possiamo chiamarli, resta generalmente la natura, se non derivavano da tipi artistici o da qualche mito. Proprio il loro carattere iniziale fisso e immutabile non permette di considerarli esseri alati greci nel senso vero e proprio del termine. Essi avevano e conservavano la loro radice orientale. Non ottengono una nuova esistenza indipendente nella nuova patria; la loro origine straniera è, quindi, d'intralcio. Per questo motivo, essi ci possono aiutare solo limitatamente a comprendere l'origine dell'attributo delle ali nell'arte specificamente greca; e, anche per questo motivo, non è necessario osservare ogni singolo tipo nella serie di monumenti presenti anche in epoca successiva. Possiamo definirli genericamente esseri mitici rispetto alle formazioni concettuali dell'arte più tarda; ma non appartengono al mito autoctono greco. Certo, l'occhio e il senso creativo innato dei greci si abituarono al continuo utilizzo artistico delle ali. Nel corso del tempo, l'attributo delle ali fu trasmesso anche a tipi cresciuti in parte o per nulla sul suolo greco. Questo andrà dimostrato in seguito.

Infine, alcune brevi considerazioni. Il passaggio degli animali alati dall'Asia in Europa può essere dimostrato anche localmente. La loro emigrazione, come detto, avvenne in parte attraverso l'Asia minore. Quest'ultima era da sempre la patria del mostruoso (Arpie, Chimera, Pegaso ecc.). Laggiù vanno miticamente localizzati altri animali alati; basti ricordare il cinghiale alato di Clazomene[86]. Qualcosa di simile si è persino conservato nella leggenda cristiana: la lotta di San Giorgio contro il drago ha luogo in Licia. Forse, essa va considerata un perfezionamento della saga di Bellerofonte. Anche i caratteri alati artistici di diverso genere, che non raggiunsero una diffusione generale in Grecia, vi erano alquanto comuni. Abbiamo i bambini alati nel nimbo dell'Artemide efesina[87], che in ogni caso, così come il ritratto di tutta la dèa, risale alla simbologia asiatica antica. Inoltre, tra le rappresentazioni più antiche, vanno menzionati il leone alato sulle monete dell'Isola di Chio[88], il toro e la pantera alati sulle monete di Cizico[89], il cavallo marino alato sulle monete di Lampsaco[90] e di Eritre[91], il pesce alato sulle monete di Kos[92]. Non c'è alcun motivo di attribuire un significato simbolico a ogni singolo caso. Senza dubbio, esso vi era originariamente presente, ma a poco a poco evaporò in un valore puramente araldico.

Non bisogna dimenticare che le formazioni doppie di altro genere sorsero molto presto in Asia minore. Le formazioni arcaiche di Tritone, nella tradizione letteraria come nei

---

[86] Aelian, *Sulla natura degli animali* 12, 38. – Cfr. J. Brandis, *Das Münz-, Mass- und Gewichtswesen in Vorderasien bis auf Alexander den Grossen*, Berlin, Hertz, 1866, p. 229.

[87] Müller-Wieseler, *op. cit.*, 12.

[88] W.M. Leake, *Inscriptiones greacae*, p. 8. – Mionnet, *op. cit.*, IX, 233, 38; p. III, 265, 2; cfr. pl. 53, 12. – D. Sestini, *Lettere e dissertazioni numismatiche*, Milano, Mussi, 1820, vol. IX, 9.

[89] Mionnet, *op. cit.*, V, 300, 104.

[90] Brandis, *op. cit.*, p. 388. – Cfr. D. Sestini, *Descrizione degli Stateri antichi illustrati con le medaglie*, Firenze, Piatti, 1817, p. 62, 2.

[91] " Revue numismatique", VI, 1861. pl. 18, 5.

[92] Brandis, *op. cit.*, p. 402.

monumenti pervenutici, si trovano sul trono di Amicle[93], del cui legame con l'Asia minore abbiamo già parlato, sul seggio di una figura troneggiante del monumento delle Arpie e nel tempio di Asso. Nei primi due casi, è significativo l'uso tettonico, nell'ultimo quello decorativo. Il che ci indica che l'ingresso delle figure doppie, e, in particolare, degli esseri alati in Grecia, è stato determinato dal rapporto geografico diretto. L'Asia minore si trova fra l'Assiria e la Grecia, la sua arte, la sua stilistica[94], così come l'attributo delle ali.

In Grecia stessa possiamo segnalare Corinto, punto di partenza della pittura vascolare orientaleggiante, luogo interessato in prima linea dalla distribuzione e dall'introduzione artistica di tali animali alati. Ma Corinto ci riporta nuovamente all'arca di Cipselo, il monumento che presenta gli esseri alati più antichi sicuramente databili dell'arte greca.

---

[93] Paus. 3, 18, 10.
[94] Cfr. C.T. Newton, *A history of discoveries at Halicarnassus, Cnidus and Branchidae*, London, Day, 1861, vol. I, pl. 74, 1.

Capitolo VI. *Artemide alata*

a. Artemide asiatica

Negli animali alati finora discussi, le ali sono sempre e comunque attribuite; a ulteriore dimostrazione di come esse giunsero alla visione sensibile unitaria non attraverso la fantasia creativa originaria dei greci. Abbiamo dimostrato che questa caratteristica è strettamente connessa alle sue origini straniere. Questo riguarda anche gli esseri alati animali dell'arca di Cipselo.

Tra le rappresentazioni dell'arca vi sono anche esseri alati dall'aspetto umano, fra cui spicca l'Artemide già citata. Affinché la dèa sia considerata una componente legittima e originaria del mito greco, devono essere rispettate ulteriori condizioni nell'attributo delle ali. Questo sarà il tema della nostra discussione. Sappiamo che Artemide non indossa le ali nell'arte greca più tarda; le apparenti eccezioni saranno discusse in seguito. La Selene alata nel XXXII inno omerico non può essere identificata con la dèa dell'arca di Cipselo, poiché la poesia è chiaramente posteriore. Inoltre, è acclarato che, fra tutti gli altri greci di contenuto puramente mitico, nessuno poteva indossare le ali per origine e inclinazione. Tanto più sorprendente appare dunque il tipo dell'Artemide alata e tanto più dettagliatamente bisogna indagarne il motivo della sua apparizione. Perché si tratta dell'esempio più antico di attribuzione delle ali a una divinità greca.

La meraviglia espressa da Pausania[1] testimonia chiaramente come l'idea fosse estranea a quel conoscitore e amante dell'arte antica. Che la figura osservata da Pausania sull'arca di Cipselo fosse chiamata giustamente Artemide, che in qualche modo assistiamo a un errore del Periegeta, è indubitabile. Perché Pausania fu spinto a meravigliarsi dell'apparente incompatibilità delle ali con l'aspetto tradizionale della dèa. Sembra, in ogni caso, azzardato ritenere l'attribuzione delle ali una creazione fantastica dell'artista greco; dovremmo meravigliarci che fosse concessa una tale libertà di fronte a una dèa così riverita. Di conseguenza, va

---

[1] Paus. 5, 19 5.

68

subito rigettata la tesi razionalistica di Voss[2], secondo cui Artemide avrebbe conservato le ali per indicarne la velocità. Tale supposizione negherebbe l'intera concezione degli dèi e della divinità dell'epoca. Mentre la velocità non è assolutamente tipica della personalità della dèa; bisogna quindi pensare ad altre soluzioni.

È un principio generalmente invalso che i tipi divini greci dell'arte figurativa risalgono a Omero. Abbiamo mostrato come il poeta non conoscesse alcuna divinità alata; il che, così come la circostanza significativa che in tutta la poesia greca non sia menzione alcuna Artemide alata, ci riporta all'estero. Che qualche rappresentazione sull'arca di Cipselo rimandi all'Asia, se non a qualche artista asiatico, è stato già accennato. Le ali di Artemide, considerate di per sé, sembrano sostenere la nostra tesi. Occorre dimostrarlo in modo soddisfacente, esaminandone minuziosamente il tipo miticamente e artisticamente nei monumenti asiatici, poi in quelli greci.

Il carattere mitologico dell'Artemide alata può essere trattato diffusamente solo in relazione alle rappresentazioni artistiche. Per il momento basti dire che la sua figura sull'arca di Cipselo indica, oltre alle ali, un ulteriore attributo: la dèa teneva con una mano un leone, con l'altra una pantera[3]. A conferma, questo, di una concezione greca solo nella misura in cui Artemide già in Omero si chiama πότνια θηρῶν (domatrice)[4]. Il modo esteriore e rozzo in cui sarebbe stato espresso quel pensiero, non s'intona con la finezza del senso omerico. Lo schema artistico ci porta, come vedremo, a un ambito totalmente diverso.

Per mezzo dell'attributo delle ali, che generalmente ci spinge verso l'Asia, dobbiamo chiederci se, nell'autoctona dottrina degli dèi, esistesse un elemento a sostegno di tale rappresentazione. Siamo di fronte al servizio di una dèa assai riverita, la cui personalità mitica non è chiara nel singolo caso, ma è stabilita in generale.

---

[2] Voss, *op. cit.*, vol. II, p. 13.
[3] Pausa. 5, 19, 5.
[4] *Iliade* 21, 470.

Il suo nome più probabile è Anahita[5]. La dèa appare quasi ovunque in l'Asia minore e viene sempre indicata dagli scrittori greci come Artemide, per quanto con diversi epiteti. È, quindi, giusto chiamarla "Artemide asiatica", poiché la "Artemide persiana" suggerita altrove, benché ne sia attestata l'esistenza sui testi[6], sembra troppo limitata[7]. Un tratto caratteristico specificamente persiano non è impresso sulla dèa; il suo dominio è piuttosto esteso. Si tratta essenzialmente di una divinità della natura tonificante; il regno vegetale, così come quello animale, le sono assoggettati. È la dèa della rinascita e dello sviluppo organico più in generale e, come tale, appare, già nello *Zendavesta*. L'ombra che aleggia intorno alla mitologia asiatica antica non ci permette di dire nulla di più preciso sulla dèa. In Assiria, la città di Borsippa le era consacrata da tempo immemorabile[8]; i bovini consacrati portavano una torcia come ardente segno di reverenza[9]; il che, tuttavia, ricorda da vicino Artemide, la dèa della luce greca. In Armenia, era ritenuta μήτηρ τῶν δαιμόνων (madre dei demoni)[10]; era affine anche alla dèa taurica[11]. Sembra accomunabile, quindi, anche all'Artemide indiana Gygaia[12], che coincide, peraltro, con la Limnatis greca[13]. La Cibele più tarda è senza dubbio un perfezionamento di questo tipo in salsa locale; essa, così come la

---

[5] Cfr. F.H.H. Windischmann, *Die persische Anahita oder Anaitis*, in "Abhandlungen der K. Bayerischen Akademie der Wissenschaften", VIII, 1858, pp. 85-128. – F.K. Movers, *Die Phönikizier*, Bonn, Weber, 1849, vol. I, pp. 75, 616-31 – J. Zoëga, *Abhandlungen*, heraus. von Welcker, Göttingen, Dieterich, 1817, p. 136. – E. Meyer, *Über einige semitiche Götter*, in "Zeitschrift der Deutschen Morgenländischen Gesellschaft", XXXI, 1877, pp. 721 ss.

[6] E. Gerhard, *Persische Artemis*, "Archäologische Zeitung", XII, 1854, p. 178.

[7] Diodor. 5, 77.

[8] Strabo 16, 739. – Cfr. Rawlinson, *Herodotus*, cit., I, p. 610.

[9] Plut., Lucull. 24.

[10] Agatangelo, p. 603 (a cura di N. Tommaseo, Venezia, San Lazzaro, 1843). – Cfr. Windischmann, *op. cit.*, p. 109.

[11] Paus. 3, 16, 8.

[12] Cfr. K.O. Müller, *Kleine deutsche Schriften über Religion, Sprache und Literatur, Leben und Geschichte des Alterthums*, Breslau, Max, 1848, vol. II, p. 212. – E. Curtius, *Artemis Gygaia und die lydischen Fürstengräber*, in "Archäologische Zeitung", V, 1853, p. 160 – Stephani, *op. cit.*, 1865, p. 28.

[13] Welcker, *Götterlehre*, cit., vol. I, pp. 582 ss.

dèa mezza asiatica di Efeso, ci riporta in Grecia. Fra le divinità greche è Artemide quella apparentemente più vicina ad Anahita. La rappresentazione dell'arca di Cipselo, rispetto al carattere individuale della dèa, è, quindi, miticamente analoga a quella asiatica; e artisticamente parlando? La risposta non è affatto facile. Perché una rappresentazione comprovata di Anahita oppure dell'Artemide asiatica non esiste nell'arte locale. A dire il vero, ci è tramandata la notizia[14] che il mnemone Artaserse ne facesse collocare l'immagine ovunque nel suo regno; ma come apparisse esteriormente, non lo sappiamo. Che la dèa della luce e della luna, così come il noto tipo del dio del sole assiro[15], avessero perduto le ali, è una semplice supposizione[16]. Anche l'opinione di Alcmane, secondo cui alla Limnatis lidia si sacrificasse un leone modellato nel formaggio[17], ricorda solo lontanamente gli animali sorretti da Artemide sull'arca di Cipselo. Un contatto diretto di questo tipo con quello della dèa asiatica non è ulteriormente dimostrabile.

Altra cosa è se, disinteressandoci momentaneamente del contenuto mitico, osserviamo unicamente lo schema artistico. Nelle rappresentazioni orientali di genere più disparato viene utilizzato lo *schema del domatore di animali*. La sua forma più semplice è quella in cui un uomo sorregge con un braccio un animale, probabilmente un leone; così appare su un reperto[18] e sui cilindri assiri[19], così come su opere d'arte persiane[20]. Poiché l'evento è piuttosto raro in natura, esso nasconde chiaramente un

---

[14] Clem. Alex., Protrept. V, 65, p. 57 (a cura di Potter, Oxford, Sheldon, 1715).

[15] Vaux, *Niniveh*, cit., pp. 274, 299. – F. Wieseler, *Sopra alcune rappresentazioni del ciclo della Venere orientale*, in "Nuove Memorie dell'Instituto di Corrispondenza Archeologica", II, 1865, p. 424.

[16] Cfr. Rawlinson, *Herodotus*, cit., I, pp. 612-618.

[17] Alcmane, *Frammento 34, 5* (ed. Bergk).

[18] Botta e Flandin, *op. cit.*, I pl. 7; 41; 47. – Layard, *Niniveh*, cit., II serie, pl. 69, 2; 33. – D. Raoul-Rochette, *Sur Hercule assyrien et phénicien, considéré dans ses rapports avec l'Hercule grec, principalement à l'aide des monuments figurés*, in "Mémoires de l'Académie des Inscriptions et Belles-Lettres", 17, I, 1848, pl. 1.

[19] Raoul-Rochette, *op. cit.*, VI, 1; VII, 7, 8, 9.

[20] W. Ouseley, *Travels in various contries of the East, more particularly Persia*, London, Rodwell and Martin, 1823, vol. I, pl. 21, 26. – A.C.P. de Caylus, *Recueil d'antiquités égyptiennes, étrusques, grècques et romaines*, Paris, Desaint et Saillant, 1752, t. VII, pl. 6, 1.

significato simbolico: il leone è domato, si sottomette al dominio dell'uomo. L'altezza e la maestà che, in assenza di un sottile sentimento artistico, non troverebbero espressione psicologica, andavano rappresentate con un mezzo esteriore. Anche qui possiamo fare un confronto con le visioni vetero-testamentarie, come per esempio: "La voce del Signore distrugge i cedri"[21]. Si cercava di adulare soprattutto i despoti orientali, delineandone iperbolicamente la potenza. Esistono inni elogiativi, salmi per così dire, a loro dedicati. Abbiamo il re assiro rappresentato mentre afferra il leone per una zampa e gli assesta un colpo mortale[22]. Anche i famosi uomini alati, probabilmente démoni, compaiono mentre sorreggono in braccio animali di diverso tipo (un cervo, uno stambecco)[23]; senza dubbio per esprimere il loro dominio sul regno animale.

Che questo tipo fosse diffuso anche al di fuori dell'Assiria, lo dimostrano, per esempio, una moneta fenicia[24], la rappresentazione di una ciotola d'argento trovata a Cipro[25], così come un reperto funerario licio[26]. Quest'ultimo è particolarmente importante, in quanto appare di motivo puramente assiro, ma è senz'altro greco per carattere stilistico. Invece dell'uomo barbato e vestito del reperto assiro, ecco che abbiamo un uomo sbarbato e ignudo, di creazione greco-arcaica; questa forma transitoria dal modo rappresentativo orientale a quello greco resta finora unica nel suo genere. Ed è tanto più importante in quanto, nella Grecia stessa, lo schema del domatore di animali appariva assirizzante ancora in età posteriore. non solo per motivo ma anche per stile. Pensiamo al reperto poco considerato sul seggio del sacerdote di Dioniso ad Atene[27]; probabilmente esso ricorda la patria asiatica

---

[21] *Salmo* 29, 5.

[22] Cfr. Rawlinson, *The five great monarchies*, cit., II, pp. 123, 124.

[23] Layard, *Niniveh*, cit., pl. 36; pl. 47 n. 4. – Vaux, *Niniveh*, cit., tav. 3, 22.

[24] L. Dutens, *Explication de quelques médailles grècques et phéniciennes*, avec une paléographie numismatique, London, Elmsly, 1776, pl. 2, 10 ss.

[25] Cesnola, *op. cit.*, p. 329.

[26] Fellows, *op. cit.*, pl. 2. = Prachov, *op. cit.*, pl. 1 n 1. – Cfr. Layard, *Niniveh*, cit., n. 28.

[27] "Archailogike ephemeris", 1862, tav. 21. = "Revue archéologique", III, 1862, II, tav. 20.

del sacerdote di Dioniso. Allo stesso tempo, abbiamo un prisma dorato miceneo originario dell'Asia, ma trovato in Grecia[28]. Che lo schema dell'animale sorretto influisse sulla creazione artistica della saga greca posteriore di Eracle, è sicuro, anche se sarebbe azzardato ritenerlo un esito consapevole. In Assiria, veniva raffigurata una divinità femminile in modo analogo, così come i re[29] troneggianti su un leone[30]. La figura appare, in realtà, priva di ali, ma il significato simbolico è piuttosto chiaro. Abbiamo analogie ancora più stringenti con l'Artemide sull'arca di Cipselo.

Un aspetto vistoso dell'arte assira è che essa – per lo meno nei reperti decorativi – ama raggruppare simmetricamente non solo certe forme vegetali ma anche certe forme animali e umane. Uomini privi d'ali[31] o alati[32] a destra e a sinistra del cosiddetto albero della vita non sono affatto rari. Grifoni, uccelli e tori alati li ritroviamo insieme, in uno stesso ornamento[33]; e lo stesso accade nei monumenti rinvenuti in Fenicia[34]. La pietra sigillata con scritte in aramaico, fenicio ed ebraico mostra rappresentazioni simili[35]. La nostra ciotola d'argento cipriota[36], lavorata in uno stile misto di forme assire ed egizie, mostra Grifoni e Sfingi eretti sul cosiddetto albero della vita; la sua origine è fenicia.

Su impulso orientale, il sistema decorativo passa, quindi, in Grecia. Gli oggetti dorati ritrovati a Micene mostrano leoni e cervi utilizzati araldicamente[37]; si pensi alla famosa porta dei leoni. Due coppie di cavalli su uno dei recipienti d'argilla melii[38], due figure alate a destra e a sinistra di una pianta su un recipiente di stile

---

[28] Schliemann, *op. cit.*, p. 202 n. 253.

[29] Raoul-Rochette. *op. cit.*, pl. 4 16, 17.

[30] Layard, *Niniveh*, cit., p. 300. – Cfr. Lucian. De dea Syria 31.

[31] Layard, *Niniveh*, cit., pl. 7.

[32] Rawlinson, *The five great monarchies*, cit., I, p. 493.

[33] Layard, *Niniveh*, cit., pl. 4, 43. – Cfr. Raoul-Rochette, *op. cit.*, pp. 113, 116.

[34] E. Rénan, *Mission de Phénicie*, Paris, Imprimerie Impérial, 1864, pl. 4.

[35] M. de Voguë, *Mélanges d'archéologie orientale*, Paris, Imprimerie Impérial, 1868. – M.A. Levy, *Siegel und Gemmen mit aramäischen, phönizischen, althebräischen, nabathäischen und altsyrischen Inschriften erklärt*, Breslau, Schletter, 1869.

[36] Cesnola, *op. cit.*

[37] A. Milchhöfer, *Die Ausgrabungen in Mykene*, in "Mittheilungen des K. Deutschen Archäologischen Instituts zu Athen", I, 1876, p. 324.

[38] Conze, *Melische Thongefässe*, cit., tav. 12; cfr. tav. 5.

imitativo geometrico[39], sono organizzate allo stesso modo. Uccelli marini, in posa araldica, a destra e a sinistra di un ornamento vegetale, li abbiamo anche su vasi ciprioti di stile puramente geometrico[40], così come su un coccio vascolare ritrovato a Micene[41] e sui vasi di Camiro, che rappresentano il passaggio dallo stile geometrico a quello orientaleggiante[42]. Sui recipienti di stile orientaleggiante, lo schema è utilizzato di frequente; vedi, solo per fare qualche esempio, una Sirena barbata tra due pantere[43], il cosiddetto Tifone tra due galli[44], e altro ancora. Alla coppia di Sfingi e Grifoni sul vaso di Dodwell e François si è già accennato sopra. Un recente monumento alquanto significativo (un reperto araldico di Samotracia, su cui due Grifoni dilaniano un cervo)[45] mostra il vecchio tipo che sorregge gli animali e offre, per lo meno in scala locale, la mediazione tra l'Asia e la Grecia. Infine, nell'arte più tarda, abbiamo un'Atena tra due pantere con le zampe raccolte, riduzione di un gruppo di frontoni di un tempio su una moneta delfica[46]. È chiaro che un simile sistema fu trasposto dall'arte orientale anteriore a quella greca posteriore.

Qui non è utile soffermarsi sull'origine di questo schema araldico; il suo utilizzo in ambito artistico greco è stato già discusso in parte da Curtius[47]. Nel carattere prevalentemente decorativo dell'arte assira, lo sforzo verso un riempimento uniforme dello spazio deve esser stato un primo pretesto. Com'è stato giustamente osservato[48], bisogna anche attribuire importanza alla tecnica tessile. La ripetizione declinante del modello già in uso

---

[39] "Annali", 1872 p. 137.

[40] Cesnola, *op. cit.*, p. 347.

[41] Milchhöfer, *Mykene*, cit., *passim*.

[42] A. Salzmann, *Nécropole de Camiros. Journal des fouilles exécutées dans cette nécropole pendant les années 1858-1865*, Paris, Détaille, 1875, pl. 32, 37.

[43] Jahn, *Vasensammlung*, cit., n. 956.

[44] Ivi, n. 940. – Micali, *op. cit.*, 43, 1. – Salzmann, *op. cit.*, pl. 31.

[45] "Archäologische Zeitung", XLVI, 1858, tav. 95.

[46] F. Imhoof-Blumer, *Beiträge zur Münzukunde und Geographie von Altgriechenland und Kleinasien*, in "Zeitschrift für Numismatik", I, 1874, p. 115.

[47] E. Curtius, *Über Wappengebrauch und Wappenstil im griechischen Alterthum*, in "Abhandlungen der K. Akademie der Wissenschaften in Berlin", 1874, pp. 79-120.

[48] J. Lessing (conferenza inedita nel Berliner Winckelmannsfeier 1879).

facilitava la produzione di un tessuto. Quest'opinione è corroborata dal fatto che lo schema era utilizzato preferibilmente nei passamani dei reperti assiri, a chiara imitazione dell'arte tessile o del ricamo. La tendenza orientale a operare anche nell'arte con formule fisse, stabilite e per così dire dogmatiche, faceva il resto. L'uso pratico delle pietre araldiche, di sigilli e di monete privilegiò l'ulteriore perfezionamento di tale principio formale dualistico[49]. E, se anche l'arte greca operava più liberamente, l'adesione più stringente alla norma dominante doveva spingerla a simili formazioni. Certo, forse proprio tali formazioni hanno contribuito a conferire alla norma un significato oggettivo.

Lo schema araldico è ripreso dall'arte asiatica anche nelle figure domatrici di animali. Invece di un leone o di un altro animale, le figure li sorreggono tutti e due simmetricamente. Ecco Sfingi[50], Stambecchi[51] e Leoni[52] su reperti e cilindri; i leoni si preparano talvolta ad agguantare altri animali[53]. Questo ci indica che l'atto di sorreggere gli animali non dimostra sempre una lotta contro gli animali stessi, ma, generalmente, un dominio e una domatura. Anche i monumenti persiani possono essere usati a confronto: ecco un uomo con quattro ali, che sorregge con una mano il collo di uno struzzo[54]. Di certo, le considerazioni decorative sono state stabilite anzitempo anche in tali strutture. Una simbologia comune è alla loro base; non possono considerarsi rappresentazioni semplicemente mitiche.

Tutto ciò va tenuto in considerazione nella comparazione con l'Artemide dell'arca di Cipselo. In base a quanto detto finora, lo schema della rappresentazione artistica proveniva direttamente dall'Asia. L'atto di sorreggere gli animali non è neanche qui un'azione, ma è un simbolo; e, generalmente, non della potenza o del dominio, ma, come esige il suo carattere individuale, del dominio sul regno della natura e degli animali. Perché proprio così

---

[49] Cfr. Curtius, *Wappengebrauch*, cit., *passim*.
[50] Layard, *Nineveh*, cit., pl. 6; 44.
[51] Ivi. pl. 47.
[52] Raoul-Rochette, *op. cit.*, pl. VI, 5, 6, 9 ecc.
[53] Layard, *op. cit.*, pl. 9.
[54] W. Dorow, *Morgenländische Alterthümer*, Wiesbaden, Gerold, 1820, I, tav. = Müller-Wieseler, *op. cit.*, 282 c.

si accorda – miticamente – con l'Artemide asiatica o Anahita. In tal caso, la nostra precedente supposizione diventa una certezza: proprio come il contenuto successivo del tipo di quell'Artemide, anche le sue ali devono essere giunte dall'Asia. È superfluo dimostrare come e per quali vie proprio Artemide abbia potuto essere introdotto in Grecia in questa figura.

Se anche riteniamo l'Asia come punto di partenza dell'intero sviluppo del tipo, va esclusa tuttavia la tesi di un diretto influsso assiro. In questo paese, stando a un pregiudizio derivante dalle condizioni di vita orientali, le donne, e quindi anche le divinità femminili, erano poco rappresentate. All'infuori della citata dèa che troneggia su un leone (Astarte?), potremmo solo addurre una notizia di Diodoro[55], secondo cui Rhea, dèa dei Babilonesi, aveva due leoni a fianco del suo seggio; non si accenna affatto alla presenza di ali. Per provarlo con maggiore precisione, bisogna fare affidamento su altri paesi mediatori: l'Asia minore, Cipro e la Fenicia. È stato già osservato altrove[56] che, in Asia minore, per lo meno in Licia, esisteva una certa predilezione per le formazioni femminili-demoniche: Arpie, Chimera ecc. La Sfinge, completamente virile in Egitto e in Assiria, qui cambia sesso; così sembra per le Sirene originariamente virili e per le Gorgoni discusse in seguito. In maniera analoga, il dio marino assiro Oannes diventa in Fenicia la femminile Derceto[57]; certo, le divinità femminili furono sempre le più significative in Asia minore. Quindi, è probabile che proprio qui lo schema araldico delle figure *maschili* alate che sorreggono gli animali, ricevuto dall'Assiria[58], fosse stato tradotto al *femminile* e che fosse stato utilizzato in seguito per la principale dèa nazionale. Il suo dominio e la sfera d'influenza erano espressi nel modo più opportuno, secondo la concezione asiatica. In ogni caso, quei caratteri virili sono rappresentati in monumenti che, stante la mistura di motivi

---

[55] 2, 9.

[56] Cfr. Milchhöfer, *Sphinx*, cit., p. 52.

[57] Diod. 2, 4; Lucian. De dea Syr. 14. – Cfr. Stark, *op. cit.*, p. 249. – Movers, *op. cit.*, p. 590. – A. Longpérier, *Observations sur les sujets représentés dans quelques bas-reliefs assyriens*, in "Revue archéologique", IV, 1847, pp. 296 ss.

[58] Cfr. Raoul-Rochette, *op. cit.*, pl. VI, 9, 13, 14.

assiri ed egittizzanti, possono essere ritenuti a ragione fenici[59]; il che accade non di rado anche in analoghe rappresentazioni cipriote[60] ed etrusche[61]. Era ovvio, quindi, adattare il tipo esistente alle necessità del culto attraverso piccoli cambiamenti applicati normalmente alla Sfinge e ad altre figure. Se e in che misura le ali volessero esprimere o esprimessero una qualità personale della dèa, è incerto. Probabilmente, era loro attribuito un carattere demonico generale, come sappiamo dalle idee e dalle rappresentazioni assire.

Un'ulteriore dimostrazione dell'origine dell'Artemide alata greca l'abbiamo nell'aspetto esteriore dell'Artemide di Efeso. Essa è la sola divinità adorata dai greci che abbia conservato anche in età più tarda un'impronta in parte barbarica[62]. I suoi sacerdoti portavano il nome asiatico di Μεγάβυζοι (megabizi)[63]. Che essa fosse considerata una dèa della natura onnipotente e che, quindi, fosse simile ad Anahita, è sicuro. Se il suo tipo artistico sia essenzialmente simbolico e se questo, come detto, rimandi all'origine asiatica, non dipende dallo schema della domatrice di animali. In base alle illustrazioni antiche[64], la dèa sorregge a destra e a sinistra un cervo in modo assolutamente simmetrico. Che l'animale più leggiadro della foresta abbia ora sostituito il leone assiro, può essere considerato un tratto di moderazione ellenizzante. La figura stessa sembra scaturire da un compromesso tra la concezione asiatica e quella greca, così come accade spesso in altri prodotti artistici originari dell'Asia minore. Nonostante

---

[59] L. Canina, *Descrizione di Cere antica ed in particolare del monumento sepolcrale scoperto nell'anno 1836 da s.e. il sig. Vincenzo Galassi e r.mo. arciprete d. Alessandro Regolini per servire di preliminare illustrazione degli oggeti in esso rinvenuti e collocati nel nuovo museo Gregoriano del Vaticano*, Roma, Canina, 1838, II, 106; 9; 10. – Layard, *Niniveh*, II serie, pl. 64.

[60] J. Döll, Die Sammlung Cesnola, in "Mémoires de l'académie impériale de sciences de St. Pétersbourg", serie 7, XIX, 1873, tav. 11, n. 9.

[61] Micali, *op. cit.*, tav. 46, n. 23. = Müller-Wieseler, *op. cit.*, 326. – Mus. Greg. I, 60; 82. – L. Grifi, *Monumenti di Cere antica spiegati colle osservanze del culto di Mitra*, Roma, Monaldi, 1841, tav. 3.

[62] Cfr. Preller, *op. cit.*, p. 254.

[63] Strabo 14, 641. – Hesych. s.v.

[64] Müller-Wieseler, *op. cit.*, 13. – K.B. Stark, *Nach dem grichischen Orient*, Heidelberg, Winter, 1874, p. 198. – Cfr. Stephani, *op. cit.*, 1868, pp. 21 ss.

l'assenza di ali, di cui ora non discutiamo, bisogna respingere l'idea di un'affinità non esteriore, ma interiore, fra l'Artemide di Efeso e quella dell'arca di Cipselo.

Altre analogie si riscontrano in monumenti molto antichi scoperti sul territorio greco, anche se non è chiaro se fossero lavorati da mani autoctone. Si tratta delle figure femminili fabbricate in oro sottile, sulla cui testa e sulle cui spalle sono poste simmetricamente delle colombe[65]. Esse furono rinvenute a Micene e non rivelano stilisticamente alcunché di assiro. Paragonate agli antichi idoli ciprioti, potremmo pensare a un influsso fenicio. Senza voler decidere in proposito, lo schema artistico può essere confrontato con quello asiatico. Questo è molto importante, dato che tali figure sono i soli tipi virili trovati a Micene della tecnica in questione. Essi appartengono chiaramente a uno stadio artistico notevolmente precedente, anche se difficilmente databile. L'antico legame tra Micene e l'Asia minore può essere giustamente preso in considerazione.

Sebbene i motivi più disparati portino a dedurre dall'Asia il tipo dell'Artemide alata, il suo carattere artistico è molto diverso da quello degli animali alati provenienti da quella regione. Quegli animali alati hanno già in origine un contenuto del tutto mitico, che Artemide possiede solo in parte, per nulla o avrà solo più tardi. D'altra parte, entrambi presentano dei tratti che corrispondono all'origine *artistica* comune. Le Arpie intente a rubare, la Sfinge intenta a lacerare gli uomini, il Grifone intento a combattere, sono tutti prodotti di uno sviluppo artistico simile, anche se di secondaria importanza rispetto all'Artemide intenta a sorreggere gli animali. Che tutti questi tipi siano alati, ha il suo perché: l'attributo esteriore rivela il contenuto simbolico della figura. Il processo costitutivo dello schema, anche se non il suo contenuto mitico-individuale, va ritenuto similare. Sussiste, tuttavia, un contrasto diretto: gli animali alati minacciano e rovinano gli uomini, Artemide addomestica e domina gli animali. Ciò che conferisce potere a entrambi è il carattere demonico inferto dalle ali, se non viene rappresentato direttamente.

---

[65] Schliemann, *op. cit.*, p. 209.

Come luogo natio dell'Artemide alata, può dunque essere considerata l'Asia, in base allo schema generale, e l'Asia minore, in base all'individualità tipica e artistica. È superfluo dimostrare ora il suo ingresso nella Grecia continentale in una serie di monumenti, eccetto che per l'arca di Cipselo. Potremmo comprendere in che modo questa linea collaterale straniera del tipo divino autenticamente greco dell'Artemide metta le radici in Grecia. Bisognerà focalizzarsi, quindi, sull'attributo delle ali. La tipologia greca dovette accettare il nuovo attributo innanzitutto nel mezzo artistico, prima che potesse dar vita interiormente a nuove e proprie creazioni.

b. Artemide della Grecia Arcaica e dell'Etruria

Dobbiamo, quindi, mostrare come sia stato introdotto in Grecia il tipo di Artemide d'origine straniera, come sia stato concepito e a quale destino sia andato incontro rispetto a tipi simili. Non può mancare uno sguardo retrospettivo sul legame di tutta l'arte greca con quella asiatica, almeno per come fu espresso nei primi monumenti artistici a noi giunti.

Il merito di avere accennato in un contesto ampio alle rappresentazioni greche dell'Artemide asiatica spetta a Gerhard[66]. Sebbene chiami la dèa "Artemide persiana" in senso stretto ed eviti di ricostruire lo sviluppo storico del suo tipo artistico, egli ci ha portato a conoscenza di una quantità di monumenti[67]. Con il loro ausilio dobbiamo fornire una panoramica di quelli che prenderemo in esame. Lo sguardo aspira a essere esaustivo; per lo meno, vorremmo che gli stadi essenziali dello sviluppo storico fossero documentati dai fatti. Se dovesse mancare questo o quel monumento inedito, dovremmo inserirlo nella serie per comprendere al meglio il processo evolutivo. In seguito, per i monumenti utilizzati verrà considerata quella serie locale orientata da Est verso Ovest all'interno di una scansione cronologica e conformemente all'origine asiatica. Va detto che la datazione non è accertabile con precisione, ma con probabilità. Tuttavia, il

---

[66] Gerhard, *Persische Artemis*, cit., pp. 177 ss.
[67] Ivi, tavv. 61-64.

motivo delle ali rappresenta anche in questo caso il filo conduttore della nostra ricerca. All'elenco dei monumenti, suddiviso in sezioni, seguiranno le considerazioni necessarie.

b.1. <u>Artemide agli inizi dell'età arcaica</u>
1) Tipo rodio
    a. *Scudo pettorale di Cere (oro)* (Grifi, *Monumenti di Cere antica*, t. 1. = Canina, *op. cit.*, I, 82, 83).
    b. *Bracciale di Cere (oro)* (Grifi, *op. cit.*, t. 3, n. 4. = Canina, *op. cit.*, I, 76, n. 3).
    c. *Gioiello di Preneste (argento)* ("Archaeologia", XLI, 1867, pl. 7, n. 2).
    d. *Gioiello di Camiro (oro)* (Vaux, *Transactions of the Royal society of literature*, VIII, 1866, p. 568 n. 4, 7, 9. = Salzmann, *Nécropole de Camiros*, cit., t. 1. = E. Curtius, *Über Wappengebrauch und Wappenstil*, cit., tav. 22).

Un'immagine dell'Artemide alata formalmente asiatica, vale a dire assolutamente non greca, ci è ancora ignota; tuttavia, era indubbiamente presente all'epoca e sarà rinvenuta in futuro. Il percorso della rappresentazione presumibilmente asiatica, se non assirizzante, di questa dèa greca chiarisce la prima classe dei monumenti qui elencati, che noi definiamo "rodii". Il nome va spiegato dettagliatamente, a costo di allontanarci un po' dal nostro tema.

Molti dei monumenti dubbi (a b c) furono rinvenuti in Etruria; il che, tuttavia, non dimostra che si debba pensare a una loro provenienza etrusca, se mai ne esistette una. È possibile l'imitazione di uno stile straniero, ma per mano etrusca; ma che questo sia da escludere, lo dimostreremo in seguito. Quantomeno, dobbiamo confutare l'ipotesi che tali monumenti siano attribuibili a uno stile "fenicio"[68]. Per quanto ne sappiamo, quello stile si

---

[68] Cfr. W. Helbig, *Oggetti trovati nella tomba cornetana detta del guerriero*, in "Annali", XII, 1874 p. 256. – A. Salzmann, *Nouvelles archéologiques et correspondance*, in "Revue archéologique", IV, 1863, VII, pp. 130 ss. – Vaux, *op. cit.*

ritiene un miscuglio di motivi assiri ed egizi presente nelle famose ciotole d'argento cipriote[69]. Di tale tendenza artistica non c'è alcuna traccia. Manca, soprattutto, quell'elemento egizio, formale oppure materiale, ritenuto decisivo per il cosiddetto stile fenicio[70]. Una chiara eccezione[71] sarà affrontata in seguito. Inoltre, qui non siamo di fronte a una tendenza artistica antica consolidatasi, per certi versi, nel suo ultimo stadio evolutivo, come bisognerebbe aspettarsi dai fenici; abbiamo, piuttosto, tracce di una giovane forza artistica innovativa – in ogni caso rifiutata dai fenici. Basandoci sul carattere formale delle figure dello scudo pettorale di Galassi (a), del bracciale (b) e del centauro sul gioiello di Camiro[72], i nostri monumenti risultano assolutamente estranei a quelli "fenici", poiché rappresentano una categoria stilistica troppo distante dall'altra.

L'arte fenicia viene più esattamente indicata come cipriota-fenicia, poiché le tracce attendibili partono da Cipro. La questione se ci sia stato uno stile artistico nazionale fenicio di carattere unitario, che, per esempio, valesse anche per Cartagine, dovrà attendere una risposta ancora a lungo, nonostante le dettagliate esposizioni fornite da Helbig[73]. In base a una supposizione che Brunn mi ha cortesemente comunicato, i fenici erano generalmente solo fabbricanti e mercanti, ma non erano attivi nella manifattura e, quindi, la nostra ciotola d'argento fu lavorata da mano greco-cipriota sotto supervisione fenicia. Comunque sia, a Cipro convergono le diverse tendenze artistiche dell'Oriente; le quali, pur esprimendosi in parte negli stessi monumenti una accanto all'altra, non riescono mai a unirsi organicamente. Perciò, a Cipro manca un'arte autonoma, sia essa solo greca o altrimenti individuale.

Tornando alla nostra classe di monumenti, abbiamo un'indicazione sulla loro origine artistica; si tratta, per lo meno, dei luoghi di ritrovamento. L'introduzione di figure alate e animali

---

[69] W. Helbig, *Cenni sopra l'arte fenicia*, in "Annali", XIV, 1876, pp. 197 ss.

[70] Ivi, p. 220.

[71] Cfr. "Revue archéologique", IV, 1863, pl. 10.

[72] Vaux, *op.cit.*, n. 8.

[73] *Ibidem.*

fantastici come la Sfinge, il Grifone eccetera, avviene generalmente dall'Asia; anche l'uso tecnico di questi tipi (in parte punzonati a file) corrisponde alla visione asiatica operante con formule prestabilite, per così dire con lettere dell'arte. D'altra parte, queste figure differiscono esteriormente dall'arte assira in modo da indicare un'area precisa dell'Asia come propria origine. La donna alata (a b c) è tipica dell'Asia minore; ma anche quest'ambito non va troppo ristretto. L'influsso licio non è riscontrabile quantomeno nei tipi della Chimera e di Pegaso (a), miticamente comuni almeno in Licia. Tutto questo si esprime chiaramente nella figura di un uomo ignudo e sbarbato intento a sorreggere un leone, nella parte centrale dello scudo pettorale di Galassi. Essa ricorda gli uomini assiri che sorreggono gli animali e i démoni; ma questi ultimi, stante la ripugnanza orientale per il nudo, sono sempre vestiti e generalmente barbati. Per trovare un monumento affine al nostro dobbiamo, quindi, spingerci più a Ovest, in un paese più vicino alla cultura greca. Proprio il reperto licio[74] ci offre un'analogia migliore: mostra un tipo quasi identico. Il legame con la Licia è attestato dal tipo simile nel bracciale di Cere (b); la figura che sorregge i leoni non è ignuda, ma indossa un costume bellico in parte barbarico, consono alle condizioni licie. Abbiamo, quindi, rappresentazioni (a b) che, in ogni caso, appartengono al territorio di confine tra l'arte asiatica e quella greca, specialmente all'arte dell'Asia minore.

Tutto questo è attestato dalle considerazioni stilistiche. Il carattere formale del nostro tipo, chiaramente riconoscibile malgrado la realizzazione grossolana, si distanzia dalla severa stilizzazione delle opere pittoriche assire. L'inutile e, in qualche modo, disinvolta e vaga modellatura si avvicina, di contro, al genere naturalistico dell'arte greca; e, a dire il vero, in modo esagerato, come è tipico agli inizi di uno sviluppo artistico. Il contrasto coi prodotti dell'arte asiatica antica, immobili e affetti da una certa aridità, si mostra in modo lampante negli animali fantastici; basti l'esempio del Grifone, prima simile a un cammello (a). Uno stile del genere non è solo diverso da quello fenicio, ma ne è addirittura opposto. Ciò che abbiamo detto trova conferma

---

[74] Fellows, *op. cit.*, pl. 22.

nei monumenti summenzionati (d) che, per luogo di ritrovamento, giungono dalle coste dell'Asia minore, specialmente da Rodi.

Dopo aver stabilito in generale l'origine dei monumenti, sarebbe consigliabile aggiungerne un numero limitato di altri che non rappresentano l'Artemide asiatica, ma che sono stati rinvenuti in Etruria e sono affini ai primi. Un'analisi precisa del carattere artistico ci permetterà di collocarli al posto giusto nella storia dell'arte dal punto di vista monumentale, locale, mitico e storico. Così avremo una solida base per stabilire il tipo più antico della nostra dèa nell'arte greca.

Gli esempi già fatti si collegano, quindi, alle figure qui elencate:

e. *Copricapo di Cere (oro)* (Grifi, *op. cit.*, t. 2. = Canina, *op. cit.*, I, 84; 85).

f. *Fibula di Cere (oro)* (Grifi, *op. cit.*, t. 6 n. 1. = Canina, *op. cit.*, I, 67, n. 6).

g. *Fibula di Cere (oro)* (Micali, *Monumenti inediti*, 1844, tav. 21, n. 6; 7).

h. *Bracciale di Cere (oro)* ("Monumenti inediti pubblicati dall'Instituto di Corrispondenza Archeologica", IX, 1869-73, tav. 44, n. 2; 3).

i. *Archetto di Vulci (oro)* (Micali, *op. cit.*, tav. 8, n. 14).

j. *Bracciale di Corneto (oro)* ("Monumenti inediti", VI, 1854-58, tav. 33, n. 1; 2).

k. *Piatto di Preneste (placcato oro e argento)* ("Monumenti inediti", X, 1874-78, tav. 31, n. 2).

l. *Fibula di Preneste (oro e argento)* (Ivi, n. 7; 7a).

m. *Piatto di Preneste (placcato oro)* (Ivi, n. 1; 1b).

n. *Asta di Preneste (placcato oro e argento)* (Ivi, n. 4).

o. *Piatto di Preneste (placcato oro)* (Ivi, n. 5).

Consideriamo innanzitutto il materiale. Sorprendentemente, è sempre metallo e, a dire il vero, prezioso: argento, oro, placcato oro o elettro. A questa particolarità corrisponde, da una parte, l'uso generale degli oggetti come gioielli per vivi e morti e, dall'altra, la tecnica utilizzata per fabbricarli. Figure e ornamenti sono impressi e coniati, in parte, con la punzonatura, in parte con i granelli superficiali saldati a file. Anche le figure rotonde, unite da due metà punzonate e ornate in parte ancora con quei granelli, sono saldate alla superficie; inoltre, si trova, anche se di rado, la semplice incisione. È chiaro che l'elasticità e la divisibilità dell'oro consentono solo quel metodo; la tecnica deve essersi formata essenzialmente sull'oro. Ma presuppone l'arte dell'intaglio della punzonatura, della saldatura fine, in generale, cioè, un'industria del metallo alquanto evoluta.

Proseguendo dal generale al particolare, occupiamoci del contenuto materiale delle rappresentazioni; in particolare, dei tipi figurativi. Essi si dividono in esseri fantastici e naturali. Tra i primi, all'infuori di quelli citati (Grifone, Sfinge, Donna alata, Chimera, Pegaso), sono di particolare rilevanza certe figure molto simili alle Arpie. Sono uccelli dalla testa umana (j l m o) di carattere molto antico; anch'essi ci riportano nuovamente in Asia minore, specialmente in Licia, non nell'elaborazione, ma quantomeno nell'invenzione. Va notato che essi sono tettonicamente affini. Molto particolare appare una figura dalla doppia testa umana (l), non riscontrabile da nessuna altra parte; allo stesso modo un leone, sul cui dorso, analogamente a una Chimera, è posta una testa umana (m). Si vede che questi tipi, per quanto originariamente asiatici e di struttura uniforme, furono ripensati dall'artista e trasformati in base alla sua fantasia. Essi si trovano, quindi, in un'epoca e in un'area che conoscevano assai bene le formule ormai vetuste dell'arte asiatica, ma che le utilizzavano per i propri scopi in modo discrezionale e creativo. Con una certa spensieratezza giovanile, si fece ciò che si voleva dalla Chimera e dalla Sfinge.

Tuttavia, non bisogna confondere queste strutture con le note formazioni ibride e caotiche dell'arte bastarda etrusca più tarda. Perché qui una concezione fresca e libera si esprime in modo essenzialmente naturalistico. Il che ci permette di affermare come questa tendenza artistica rappresenti uno spartiacque tra la fisionomia greca e quella asiatica. Uccelli marini (e k), una specie di colomba (h), cavalli (j m), stambecchi e cervi (a) sono dedotti dalla concezione immediata della vita quotidiana; lo stesso vale per i leoni (a b e g i m n). Questi animali sono restituiti in pose diverse; malgrado le imperfezioni dell'esecuzione artistica, non

vanno misconosciuti un'osservazione e un senso della natura
vitali. Esempi importanti sono anche le rappresentazioni di un
leone in corsa (j k), così come di un cervo pascolante (a) e un
uccello marino volante (k). Abbiamo, inoltre, la semplice figura
umana con due variazioni caratteristiche di questo stile, un Giano
bifronte rivolto contemporaneamente all'Asia e alla Grecia. In
primo luogo, i citati uomini dello scudo pettorale e del bracciale
della tomba di Galassi, intenti a sorreggere i leoni (a b), mostrano
contenuto asiatico e simbolico in figura greca e naturalistica. In
secondo luogo, le figure, create con granelli dorati saldati, di due
uomini che combattono, di uno che cavalca e che subisce un
flagello, presenti sul bracciale di Corneto (j), si trovano sotto e
accanto ad alberi illustrati naturalisticamente (abeti?), indicazione
paesaggistica assai significativa nell'età arcaica, cui sembrano
appartenere questi monumenti. I tipi umani non mostrano la più
piccola traccia d'influenza orientale, ricordano piuttosto,
quantomeno nella formazione della testa, quelle rappresentazioni
vascolari attiche antiche[75] indicative degli inizi del linguaggio
artistico puramente greco. Un'altra coppia virile sullo stesso
bracciale è a metà strada fra una concezione orientale e una greca.
La coppia, con esecuzione plastica e uso tettonico, è posta
simmetricamente alla chiusura del bracciale e copre con una mano
un ornamento stellato dal valore simbolico. Per questo motivo,
tali figure sono considerate esteriormente ornamentali; tuttavia,
come gli altri esseri di genere naturalistico dei nostri monumenti,
si differenziano dalle rappresentazioni sicuramente etrusche per il
senso vivace dell'unità organica esteriore. Ragione in più per
indicare una volta per tutte un supposto influsso o l'imitazione di
un'arte etrusca autoctona.

A un risultato analogo ci porta l'analisi dei tipi ornamentali.
Anche qui abbiamo una doppia corrente asiatico-greca e,
nuovamente, il predominio dell'elemento greco. Asiatici sono, per
lo meno, i tipi in parte figurali: una sorta di maschera[76] impressa
su due monumenti (e j) e una forma di testa non usata
plasticamente come tale (b l m). Inoltre, abbiamo palmette in

---

[75] "Monumenti inediti", 1869-73, tav. 39; 40.
[76] Cfr. Grifi, *op. cit.*, tav. 9.

formazione molteplice (a b e i j) e alcune rosette (e), mentre mancano del tutto le spirali appariscenti. Un ampio motivo intrecciato (b i j) è orientale come dimostrano alcuni ritrovamenti fenici e ciprioti esaminati in seguito; così come un ornamento formato da fili metallici ripiegati e affiancati (k). Come greco, però, bisogna considerare un ornamento a zigzag o cuspidale tipico di questo stile, che ritorna in quasi tutti i monumenti (a b e f g h eccetera), e un meandro già molto elaborato (b g h j l m n), insieme alla croce uncinata (f h). Riguardo agli ultimi due elementi formali, che risalgono apparentemente alla tecnica tessile e tappezzieristica, va solo notato che si ritengono di origine greca, in quanto elementi del cosiddetto sistema formale geometrico. Infine, includiamo un motivo intrecciato angusto e filiforme (a b c h) e la stella (j).

Curioso è il legame fra la rappresentazione e la tecnica. La granulazione, se nei nostri monumenti appare non come ornamento aggiuntivo, ma autonomamente, si serve preferibilmente di quei tipi figurali e ornamentali da ritenersi puramente greci: figure umane e animali create naturalisticamente, il meandro, la linea a zigzag eccetera. Quindi, è probabile che questa tecnica non sia originaria dell'Oriente, ma sia un'invenzione greca. Di contro, nel nostro stile del taglio punzonato era preferito il motivo orientale: da una parte, tipi figurali fantastici, dall'altra ornamenti delle palmette, rosette eccetera, il cui uso suggerisce una certa preparazione tecnica; perché le ampie superfici così formate sono capaci di reggere o di esercitare la pressione necessaria alla punzonatura. Per lo stesso motivo, il taglio punzonato predilige le forme tonde, mentre, viceversa, la tecnica granulare lavora più facilmente e meglio sulle linee diritte. Se vogliamo accennare, per esempio, a due estremi, nei nostri monumenti né le palmette, né le rosette sembrano punzonate con la semplice tecnica granulare, ma con le linee a zigzag. In modo più convincente, ecco delinearsi nuovamente lo stretto legame fra la tecnica e il formalismo delle arti. La tecnica della punzonatura tradisce un'origine orientale; e, quindi, anche i fattori tecnici che hanno partecipato alla produzione dei nostri monumenti si dividono in due correnti. Il vivace sentimento greco della natura si oppone al rigido convenzionalismo asiatico; in un certo qual modo, si tratta di simbologia tecnica. Questo pensiero non ha bisogno di essere argomentato.

Tutti questi ornamenti erano utilizzati insieme o uno accanto all'altro; erano, quindi, familiari all'artista. Ma mentre, presi singolarmente, divergono formalmente lungo due tendenze, il loro uso sintattico è uniforme, puramente e indubbiamente greco. La chiara disposizione architettonica dei tipi figurali e ornamentali, di quelli fantastici e naturalistici, è comune a tutti i nostri monumenti. Apparentemente, emergono nei ritrovamenti della tomba di Galassi (a b d), nel bracciale di Corneto (j) e in quello di Cere (h). Proprio dove assistiamo a una certa esagerazione negli oggetti di abbellimento, va riconosciuto un semplice sforzo chiarificatore dell'ordine tettonico. Dobbiamo abbandonare l'idea di inseguire questi oggetti nello specifico; ma non crediamo di sbagliare se, nella sintassi delle forme, da una parte, e nel naturalismo vitale, dall'altro, abbiamo la migliore garanzia dell'influsso dello spirito artistico greco. E questo vale a maggior ragione se, come detto, singolarmente parlando, erano preponderanti sia gli elementi formali stranieri, sia l'incuria espressiva.

Ecco un dato su cui ci siamo soffermati in precedenza[77]: agli inizi dello sviluppo artistico l'ordinamento decorativo chiaro e ponderato non esclude un'inutile e primitiva rappresentazione delle parti figurali, anzi la favorisce. Inoltre, vanno pur sempre considerate alcune deficienze nella difficile tecnica (il taglio punzonato). Per dimostrare tutto ciò, confrontiamo, per esempio, le figure della punzonatura tozza del bracciale di Cere (b) con il suo fine ornamento eseguito con la granulazione dorata, o le figure punzonate dello scudo pettorale (a) con i tipi umani del bracciale di Corneto (j); questi ultimi sono formalmente di gran lunga meno ridondanti rispetto agli altri.

Che qui siamo in presenza di uno stile unitario e organico in generale, è difficilmente confutabile. Una critica stringente, come detto, possiamo indirizzarla solo alla considerazione dei monumenti stessi. Sicuramente, il loro ambito può essere ulteriormente ampliato; ma non è il caso di farlo ora. Alcuni

---

[77] Conze, *Melische Thongefässe*, cit., p. 7.

prodotti imitativi originari dell'Etruria saranno menzionati in seguito; per ora è necessario individuare lo stile dei monumenti stessi rinvenuti in Etruria.

Dato che lo stile non è etrusco, dobbiamo cercare la sua terra d'origine. Come tale abbia riconosciuto le coste dell'Asia minore; un singolo monumento (d) era persino frequente a Rodi. Questo ci deve indurre ad avanzare un confronto con i monumenti artistici rodii arcaici, se utili all'occasione. Aggiungiamo, a quello già menzionato (d), due monumenti chiaramente eseguiti nel nostro stile; altri monumenti inediti potrebbero ancora presenti.

    p.   *Gioiello di Camiro (oro)* ("Revue archéologique", IV, 1863, II, pl. 10).

    q.   *Piatto di Camiro (oro)* ("Archäologische Zeitung", XXVII, 1869, p. 111).

Materiale e tecnica sono decisamente comuni in quei ritrovamenti etruschi. L'oro fu decorato in parte con la punzonatura (d p q), in parte con la finta granulazione; anche le figure illustrate con plastica circolarità e poi decorate con la granulazione sono rappresentate da un leone (p) che, per esecuzione[78] e motivo, coincide del tutto con quello accovacciato. È un esempio che vale per molti; il suo effetto è rafforzato dal fatto che il suo tipo, assolutamente raro nella pittura vascolare, sembra simile a quello di un antico vaso rodio[79]. Sembra, peraltro, che la tecnica granulare fosse particolarmente diffusa a Rodi. Fra i numerosi reperti preziosi della vicina Cipro[80], la tecnica non è affatto presente o lo è solo in parte, vale a dire in stile cipriota-fenicio.

La rappresentazione generale dell'Artemide asiatica nei nostri reperti etruschi e rodii andrà discussa più dettagliatamente. La figura fantastica di un piattino dorato (q), assemblata con un corpo di insetto, con le ali e dotata di testa umana, è per lo meno

---

[78] Cfr. Salzmann, *op. cit.*, p. 2.
[79] Ivi, pl. 38. = A. de Longpérier, *Museé Napoleon III. Choix de monuments antiques pour servir à l'histoire de l'art en Orient et en Occident*, Paris, Guerin, 1874, pl. 52.
[80] Cesnola, *op. cit., passim*.

analoga ai caratteri arpiformi (j l m o). Alle Sfingi dalla doppia testa (l) corrisponde, d'altra parte, una grezza statua antica di interpretazione non chiara, anch'essa dalla doppia testa, ritrovata a Rodi[81]. Se un motivo così isolato nell'arte greca come la doppia testa si trova soltanto in due luoghi, a Rodi e in Etruria, non dovrebbe essere troppo ardito pensare a una fonte comune. Al tipo chimeriforme piuttosto appariscente (m) corrispondono, inoltre, alcune formazioni bizzarre sui vasi rodii, per quanto essi, come gli altri, siano unici in tutto l'ambito dei monumenti artistici greci pervenutici. Ecco una figura umana dalla testa di lepre e un'altra figura satiriforme dalla testa leonina[82]. Va, quindi, rivista un'affermazione fatta in precedenza[83] o, piuttosto, va confermata all'occorrenza, cioè la regola viene forgiata dall'eccezione. Indubbiamente, in queste inusuali rappresentazioni è riscontrabile l'influsso orientale; anche la nostra tecnica vascolare, nei colori e nella vernice, agisce in modo assolutamente particolare: il sottostrato smerigliato nero delle une, le figure impresse in rosso mattone delle altre, non sono abituali e sono molto appariscenti. Sembra che proprio Rodi producesse quel genere di formazioni ibride; e anche per Creta, patria del Minotauro, vale lo stesso. Le figure umane dalle teste animali sono concessioni allo spirito orientale; in entrambi i casi, una cultura dorica con retroterra parzialmente fenicio era il luogo adatto alla produzione di tali formazioni eccezionali.

La concordanza esteriore fra i monumenti etruschi e quelli rodii può essere dimostrata unicamente dal modo in cui entrambi rappresentano la semplice figura umana. Una maldestra stilizzazione della natura che si sforza di essere chiara – e che si discosta completamente dalla rappresentazione cosiddetta fenicia caratterizzata da una concisione schematica e secca – è tipica delle rappresentazioni di Camiro (p), non meno che di quelle di Corneto (j). Sebbene le prime siano realizzate con la tecnica della

---

[81] Salzmann, *op. cit.*, pl. 14.
[82] Longpérier, *op. cit.*, pl. 59. – Cfr. J.J.A.M. de de Vitte, *Description des antiquités et objets d'art qui composent du Cabinet de feu M. le chevalier E. Durand*, Paris, Didot, 1836, p. 48, n. 142.
[83] Cfr. ivi, p. 18.

punzonatura e le altre con quella della granulazione, siamo di fronte al medesimo stadio culturale e allo stesso stile.

Le rappresentazioni naturalistiche degli animali degli oggetti dorati etruschi si ripetono quasi alla lettera nei vasi pre-arcaici di Camiro. Così i cervi e gli stambecchi punzonati in gran numero sullo scudo pettorale di Galassi (a), malgrado l'evidente differenza materiale e tecnica, hanno un identico legame oggettivo e stilistico con i fregi di un vaso locale illustrati da questi animali[84] e con un altro vaso che, conformemente all'affinità stilistica, possiamo ritenere di sicura origine rodia[85]. Una concordanza del genere non può essere casuale; ci porta necessariamente a una concezione dell'arte generale, a una scuola artistica generale. Che nella stessa classe dei vasi arcaici rodii[86] si manifesti un genere di uccello marino molto affine ai monumenti citati (e k), non è necessario menzionarlo. È più importante il fatto che, per puro caso, sia stato conservato il frammento di un vaso molto antico, in ogni caso originario di Camiro, che si avvicina molto, per tecnica primitiva, ai noti vasi del Dipylon di Atene, ma, per contenuto, fornisce un importante contributo alla nostra ricerca[87]. Abbiamo, infatti, un albero illustrato naturalisticamente di un genere che pare botanicamente simile al bracciale di Corneto (j). Ecco quindi un fenomeno raro nell'arte greca antica, presente anche a Rodi e in quei reperti dorati ritrovati in Etruria.

A tal proposito va aggiunto che, anche nei tipi ornamentali, esiste una notevole affinità, se non somiglianza, tra gli oggetti dorati etruschi, da una parte, e gli oggetti dorati e i vasi rodii più antichi, dall'altra. Le teste pomellate sopra descritte (b l m) ritornano, come ornamento, nel gioiello rodio (p), non in modo identico ma assai simile[88]. A testimonianza qui, e solo in questo caso, di lievi echi di una forma egizia tra un numero molto considerevole di monumenti; un'influenza occasionale di Cipro o

---

[84] Salzmann, *op. cit.*, pl. 37. = Longpérier, *op. cit.*, pl. 57. – Cfr. Salzmann, *op. cit.*, pl. 43, 44.

[85] "Monumenti inediti", 1869-73, tav. 5, n. 2. – R. Förster, *Due vasi con rappresentazioni di animali*, in "Annali", XLI, 1869, pp. 172 ss.

[86] Salzmann, *op. cit.*, pl. 32, 35, 37. = Longpérier, *op. cit.*, pl. 57.

[87] Salzmann, *op. cit.*, pl. 39.

[88] Cfr. Vaux, *op. cit.*, n. 6.

anche uno stadio evolutivo pregresso dell'arte etrusca possono spiegare le eccezioni del caso. Questo vale per il carattere particolare di palmette utilizzato in modo molto similare sia sullo scudo pettorale di Galassi (a), sia sui vasi rodii[89] per il riempimento di un motivo intermedio vuoto e che consiste in due volute piegate verso l'alto, tra cui si trovano steli floreali paralleli. Possiamo dimostrare che quel tipo di palmetta fenicia giunse a Rodi attraverso Cipro; si trova, infatti, su un reperto marmoreo fenicio autoctono di Arado[90] e anche su un ritrovamento cipriota-fenicio in pietra calcarea di Golgoi[91], nonché spesso sulle famose ciotole d'argento. Anche il citato voluminoso motivo delle fasce intrecciate dei ritrovamenti etruschi ha percorso la stessa strada; appare spesso su antichi vasi rodii[92] e su uno di Thera[93], sulle ciotole d'argento cipriote[94] e sui citati reperti di Arado[95]. Possiamo inseguire tutto l'albero genealogico di entrambi i motivi a ritroso sino all'origine. Essi sembrano avere le radici nell'industria metallurgica sorta in Fenicia, cioè nell'Asia antica[96], così come le rosette.

Passiamo a ulteriori analogie nella decorazione ornamentale. Le strisce parallele di fil di ferro argentato, aggiunte ai piatti dorati di Preneste (k), ripetono direttamente un motivo ornamentale molto comune nei vasi arcaici rodii[97] e di Thera[98]. Il motivo sottile e rettilineo intrecciato funge, negli oggetti dorati etruschi (a b k) e in quelli rodii (d p), da bordo o separazione di superfici tettoniche; rosette, meandri, croci uncinate vengono usati in maniera opportuna[99]. Convincente è anche l'uso dell'ornamento a zigzag o cuspidale, che riappare, per esempio, nel gioiello dorato di Camiro

---

[89] Cfr. Salzmann, *op. cit.*, pl. 33.

[90] Longpérier, *op. cit.*, III. pl. 18, n. 3, 4.

[91] Ivi, pl. 33 n. 4.

[92] Salzmann, *op. cit.*, pl. 32; 43 = Longpérier, *op. cit.*, pl. 58; 48; 49; 53.

[93] "Monumenti inediti", 1869-73, tav. 5, n. 1.

[94] Cesnola, *op. cit.*, p. 329.

[95] Longpérier, *op. cit.* – Cfr. pl. 21.

[96] Cfr. Layard, *Niniveh*, cit., pl. 53. n. 2; 3; 4.

[97] Salzmann, *op. cit.*, pl. 32; 37; 42; 43; 50; 53; 54.

[98] Conze, *Melische Thongefässe*, cit., p. V. = "Archäologische Zeitung", XII, 1854, tav. 62, n. 3.

[99] Cfr. Salzmann, *op. cit.*, *passim*.

(d) e nella veste dell'Artemide asiatica[100]. L'ornamento è usato in entrambi i casi per la bordatura di superfici tettoniche: vedi i reperti della tomba di Galassi (a b) e i vasi rodii più arcaici[101], tra cui le famose ciotole, che riportano la lotta per il corpo di Euforbo. Le quali mostrano anche l'ampio motivo intrecciato e l'ornamento a strisce, avvicinandosi particolarmente al nostro stile. Va, infine, sottolineato che l'uso dell'ornamento cuspidale per il riempimento dello spazio superfluo a margine di una superficie (unicamente in forma triangolare) avvicina i nostri monumenti etruschi (a j k) non soltanto a una certa classe di vasi greci antichi, ma anche a quelli rodii[102]. La dimostrazione più convincente ce la fornisce il citato frammento vascolare[103]; esso condivide con il bracciale di Corneto (j) non solo la straordinaria rappresentazione di quell'albero, ma anche le cuspidi che servono a riempire lo spazio tra gli arti del corpo del cavallo[104]. Dobbiamo ripeterlo ancora: una così grande congruenza nel caso specifico e generale non può essere affatto casuale. È piuttosto evidente che siamo di fronte a termini e locuzioni di uno stesso linguaggio artistico, di un medesimo dialetto artistico.

Al contrario, è stato osservato che la forma della tomba Regolini-Galassi di Cere è simile a quella di una tomba di Camiro[105], così come due piccole brocche con ornamento lineare e circolare della tomba di Corneto[106] sono "molto simili ai vasi della stratificazione più antica di Camiro"[107]. Anche qui abbiamo un nesso puramente monumentale tra l'Etruria e Rodi. È chiaro che, all'epoca di quei monumenti, non poteva aver luogo alcuna importazione dall'Etruria a Rodi, ma solo viceversa. È assolutamente necessario considerare quel genere di lavori

---

[100] Vaux, *op. cit.*, n. 7; 9.

[101] Salzmann, *op. cit.*, pl. 33; 53.

[102] Ivi, 37; 42; 43; 44.

[103] Ivi, tav. 39.

[104] Cfr. "Monumenti inediti", 1869-73, tav. 5, n. 1.

[105] G. Conestabile, *Sovra due dischi in bronzo antico-italici del Museo di Perugia e sovra l'arte ornamentale primitiva in Italia e in altre parti di Europa*, Torino, Paravia, 1874, p. 32, n. 3.

[106] "Monumenti inediti", X, 1874-78, tav. 10c, n. 12.

[107] Helbig, *Tomba cornetana*, cit., p. 262.

metallici scoperti in Etruria come i prodotti diretti di una cultura più antica, natia sulle coste dell'Asia minore e che aveva il suo centro a Rodi. Perché la decorazione figurale dei ritrovamenti etruschi, così come quella ornamentale, coincidono essenzialmente con quella dei ritrovamenti rodii.

Ma se anche questo fatto venisse accertato con sicurezza, ci sarebbe bisogno di motivarlo non solo attraverso i prodotti monumentali, ma anche attraverso quelli storici e letterari. Se veramente una scuola artistica di carattere talmente particolare e dalla tecnica così sviluppata era attiva tanto precocemente in quella regione, dovremo averne qualche notizia scritta. E ce l'abbiamo, infatti, anche se in una forma un po' diversa di quanto uno si potrebbe aspettare.

Sul significato di alcuni miti possiamo discutere, non su quello dei "Telchini". È descritto essenzialmente da Diodoro (5, 55), ma si basa in ogni caso su un'antica tradizione popolare. I Telchini sono descritti come una stirpe o un genere di lavoratori del metallo; il loro insediamento originario è Rodi[108]. Dal "Dattilo ideo", originario dell'Asia minore, si differenziano per la determinazione e la chiarezza con cui viene descritto il loro mito. I Telchini ne condividono un carattere in parte barbarico, che li differenza dagli Olimpi e dagli dèi greci. A loro vengono anche ascritte, talvolta, arti magiche e forze dannose[109]; ma tutti i tratti contraddicono il chiaro spirito plastico della creazione mitologica greca e, di conseguenza, indicano un influsso straniero. Nella visione popolare successiva, i Telchini diventano puri démoni della natura e spiriti fastidiosi[110]; ma questa spiegazione generale e popolare precede quella locale più particolareggiata: essi erano, per lo meno, personificazioni dell'arte del fabbro, cioè eroici rappresentanti di un'industria metallurgica locale antica e diffusa[111]. Se tale arte esisteva veramente, dobbiamo stabilire

---

[108] J. Overbeck, *Die antiken Schriftquellen zur Geschichte der bildenden Künste bei den Griechen*, Leipzig, Engelmann, 1868, 40-55 – F.G. Welcker, *Die Aeschylische Trilogie Prometheus und die Kabirenweihe zu Lemnos*, nebst Winken über die Trilogie des Aeschylus überhaupt, Darmstadt, Leske, 1824, pp. 182 ss.
[109] Strabo 14 p. 654.
[110] Welcker, *Götterlehre*, cit., II, p. 149.
[111] Strabo 14, 653. – 10, 466, 472. – Cfr. Callim. H. in Del. 31.

anche stilisticamente una sua provincia culturale. E sarebbe perlomeno straordinario se non avesse conservato alcuna prova monumentale. La nostra esigenza, nonché quella di prodotti letterari, si integrano reciprocamente. Abbiamo già accennato prima, riferendoci alla necropoli di Camiro, come la città fosse sede originaria della stirpe telchina[112]. Mentre i reperti vascolari e statuari rientrano nello sviluppo generalmente greco, i reperti metallici sono troppo scarsi da poter individuare uno stile geograficamente limitato senza ulteriore ausilio. Grazie ai nostri ricchi reperti etruschi, se intesi correttamente, tutto ciò è possibile; ecco, quindi, una tendenza artistica da una fisionomia così spiccata come speravamo. Che la tendenza non venga contraddetta dal mito dei Telchini, ma che anzi vi corrisponda, necessita solo di una breve dimostrazione.

Il carattere artistico generale dei nostri monumenti indica l'Asia minore e il suo materiale conferma la fecondità naturale del terreno di quelle coste; questa è la patria dei Telchini. I nomi loro attribuiti (Cresi, Argiri, Calti) dimostrano quel legame[113]; anche i singoli nomi dei tipi rappresentati, come abbiamo visto, portano all'Asia minore. La tecnica monumentale indica un'antica industria metallurgica; i Telchini ne sono i rappresentati. Il carattere artistico dei nostri monumenti, così come quello mitico dei Telchini, è in qualche modo insolito e bizzarro. Il luogo e il genere di attività indicano condizioni semi-barbariche; tipi non greci sono comuni anche sui monumenti. I quali appartengono a uno stadio artistico greco molto antico; i Telchini, in qualità di eroi artistici mitici, rappresentano quello stadio. Motivi stilistici e reali, in parte anche il luogo di ritrovamento, rimandano a Rodi, specialmente a Camiro; dove abbiamo il sito principale dei Telchini[114]. Ai quali sono accreditati legami con la Licia[115]; alcune delle nostre opere d'arte ricordavano sorprendentemente le rappresentazioni licie. È probabile che l'arte rodia ricevette i suoi primi impulsi dalla Licia. Perché uno dei locali Telchini, cioè l'eroe eponimo (Lico), deve

[112] Vaux, *op. cit.* – Salzmann, *op. cit.*
[113] Eustath. ad. H. p. 277.
[114] Diod. 5, 55 ss.
[115] Ivi.

essere emigrato in Licia[116]. In conformità a un riflesso ottico tutt'altro che raro nella storia dei miti greci circa l'intruso straniero (si pensi solo al passaggio di Dioniso in India, al ricevimento di Apollo a Delfi tramite Dioniso, al viaggio di Afrodite da Citera a Cipro), ciò indicherebbe un rapporto fattuale inverso: l'arte licia si trasferì a Rodi. A conferma di tutto questo, abbiamo la notizia che i Telchini, cioè la loro tecnica metallurgica, sarebbero emigrati da Creta a Rodi e a Cipro[117]. Effettivamente, per ragioni facilmente comprensibili, la corrente deve essere fluita in senso contrario; forse così si spiegano le migrazioni di Dedalo. Ci siamo già soffermati su un legame ugualmente riconoscibile per via monumentale tra l'arte rodia e quella cretese.

Il carattere più popolaresco dell'arte rodia, preferibilmente attiva negli ornamenti e negli utensili metallici, sembra aver impedito che il mito dei Telchini si innalzasse verso un significato così ampio come quello di Dedalo nella poesia e nella letteratura greca. Certamente, entrambi sono in qualche modo accomunabili. I Telchini devono inizialmente aver prodotto gli idoli greci[118]. Probabilmente, questo vale per l'introduzione dell'Artemide asiatica e di tipi orientali simili nell'arte greca; allo stesso modo, il progresso artistico mitico di Dedalo (il movimento delle sue statue) può essere dimostrato, secondo una comunicazione orale di Brunn[119], sui nostri monumenti, per lo meno sul tipo delle monete[120]. Una dimostrazione potrebbe trovarsi nella circostanza che gli idoli femminili degli dèi, se anteriori alle immagini vascolari[121], indossano berretti a punta orientali o il polos. Il polos sembra provenire, in particolare, dall'Asia minore; si spiegherebbe

---

[116] Diod. 5, 56, 1. – Hes. s.

[117] Steph. Byz. s. v. – Strabo 10, p. 472. – Paus. 9, 19, 1. – Cfr. W.H. Engel, *Kypros*, Berlin, Reimer, 1841, vol. I, p. 197.

[118] Diod. 5, 55, 2.

[119] Nelle sue lezioni cattedratiche.

[120] O. Jahn, *Giove Polieo in Atene*, in "Nuove Memorie dell'Instituto di Corrispondenza Archeologica", II, 1865, pp. 3-24. – Cfr. E. Petersen, *Kritische Bemerkungen zur ältesten Geschichte der griechischen Kunst*, Ploen, Hirt, 1871.

[121] Müller-Wieseler, *op. cit.*, I, 11. – Overbeck, *Gallerie*, cit., tav. 27, 1, 4. – Cfr. W. Helbig, *Über den Pileus der alten Italiker*, in "Sitzungsberichte der K. Bayerischen Akademie der Wissenschaften", X, 1880, p. 535.

così una deviazione del tipo di questi idoli degli dèi e completerebbe il mito dei Telchini in ambito artistico[122]. Discutendo dei tipi asiatici di Artemide ne parleremo più diffusamente. Infine, vorremmo ricordare, tra le ricorrenti figure femminili presenti sui nostri monumenti, che si afferrano reciprocamente le mani come nella danza[123] (b), le νύμφαι Τελχίνιαι (ninfe telchine) che i Telchini devono aver rappresentato, insieme a quegli dèi[124].

Anche a prescindere da tutto ciò, abbiamo sufficienti prove tangibili del legame tra mito e monumenti. Se la storia parla di fatti e non di parole, siamo autorizzati a considerare il mito come una testimonianza storica reale, ancorché indiretta. Come Dedalo non è un prodotto della fantasia, ma la personificazione mitica di uno stadio e di una tendenza artistici storicamente riconoscibili nell'antichità greca, così i Telchini devono essere interpretati – anche conformemente al mito e a i monumenti – come i rappresentanti storicamente appurati di una tecnica e di un'arte metallurgiche sulle coste dell'Asia minore. Fra parentesi, possiamo chiederci se la tecnica di granulazione tipica dell'arte rodia, resa possibile non grazie all'abituale processo di saldatura, ma allo spennellamento dei metalli con un sottile agglutinante, sia collegabile al nome dei Telchini. Θέλγειν (ammaliare) significa originariamente blandire; il concetto d'incanto è solo successivo[125]. Certo, questo è solo un caso. Come Dedalo in Attica, così i Telchini erano di casa a Rodi; il lavoro attico d'intarsio delle immagini, la scuola di lavorazione del metallo rodio antica vanno confrontate miticamente e storicamente, cioè entrambe non sono persone reali ma fattori reali, con cui la storia dell'arte deve e può fare i conti.

Che la scuola artistica rodia antica non fosse affatto insignificante, ma che fosse posta e potesse essere paragonata a quella attica antica, ce lo dice una fonte molto attendibile:

---

[122] Cfr. K.O., Müller, *Handbuch der Archäologie der Kunst*, 3. Auflage, Stuttgart, Heitz, 1878, § 71.

[123] Cfr. Grifi, *op. cit.*, tav. 3. n. 6.

[124] Diod. 5, 55, 2.

[125] Cfr. Suid. v. – Eustath. 772, 1. – Hes. s. v.

Pindaro. Egli attribuisce ai suoi prodotti le stesse caratteristiche di cui narra la saga di Dedalo; anch'essi si movevano come esseri viventi[126]. Qui non pensiamo arbitrariamente alle rappresentazioni di animali vivi sui vasi e sugli oggetti dorati rodii antichi. L'antica arte metallurgica della vicina Samo, così come le statue arcaiche di Camiro[127], proseguono la tradizione mitica in epoca storica. Allo stesso modo, alcuni prodotti autenticamente storici nell'antica tecnica greca dei metalli preziosi, non ancora collocati in modo preciso, trovano alcuni riscontri sui nostri monumenti. I tipi della decorazione di Preneste (c), ali a parte, sono apparentemente colti dalla vita e rappresentano, quindi, donne in costume campagnolo dell'Asia minore; in considerazioni di tali figure, certi prodotti dell'arte antica dell'Asia minore, così come la statua dorata della fornaia di Kroisos[128] collocata a Delfi, perdono gran parte di quella straordinarietà che, altrimenti, avrebbero per noi. Gli uccelli marini sul copricapo di Cere (e), di contro, offrono l'opportunità di illustrare le cicadi dorate, che indossavano sul copricapo gli ateniesi antichi[129]. Probabilmente, le cicadi erano prodotte con una tecnica primitiva di punzonatura simile, forse, alla finta granulazione, così come quegli uccelli. Un prodotto molto tardo, infine, della tecnica orafa e dell'argento usate sulle coste dell'Asia minore concorda con l'orafo di Efeso[130]; egli fabbricava tempietti votivi d'argento per le Artemidi.

Se pur attribuiamo alla nostra tendenza artistica dell'età arcaica il nome di "rodia", l'espressione non va considerata troppo alla lettera. Piuttosto, bisogna, intendere un'indicazione concisa e sintetica di quell'arte che lambiva entrambe le coste dell'Asia minore rivolte al Mediterraneo, che aveva la sua capitale nell'isola di Rodi e che giaceva in mezzo alle due coste. "Rodio" si applica nel senso in cui parliamo o si può parlare di stile "melio" dei noti vasi, anche se non provenivano tutti da Melo.

---

126 Pind. Ol. 7, 93.
127 Salzmann, *op. cit.*, pl. 9-24.
128 Herod. I, 51.
129 Thuc. I, 6.
130 *Atti degli apostoli* 19, V, 24.

Il carattere artistico, in parte straniero, dei Telchini differisce certamente dalla tendenza artistica puramente naturalistica ed esclusivamente greca, alla cui cima poniamo il nome di Dedalo; che, d'altra parte, concorda con i fenici per scopo, ma non per mezzo dell'attività (secondo la tradizione omerica). Proprio come i secondi via mare, così i Telchini, cioè il ceto di lavoratori del metallo da loro rappresentato, sembrano aver trasmesso via terra dall'Asia minore gli elementi artistici stranieri ai greci[131]. Rileviamo, quindi, nella cultura greca arcaica, per quanto concerne l'arte, tre orientamenti paralleli in parte anche cronologici.

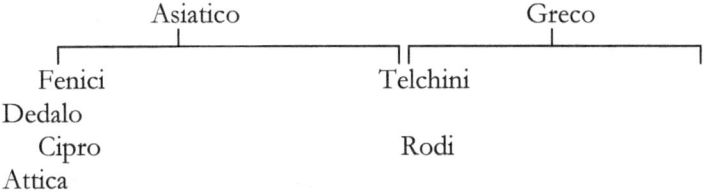

Questa suddivisione corrisponde alla tradizione mitica, così come a quella materiale. È indicativo della finezza del senso greco il fatto che, anche nel modo in cui ogni singola tendenza artistica è caratterizzata dal suo rappresentante, vi sia un incremento dallo straniero e dal generale all'individuale e al personale, che servono a esprimere in modo convincente le condizioni fattuali. Dal punto di vista greco, all'arte in parte straniera, in parte mezzo-straniera e in parte autoctona corrisponde come rappresentante un popolo, una stirpe, un uomo. Ma il mito autenticamente personale nasce in un primo tempo dove inizia a muoversi la propria arte, cioè fra i Telchini. Di contro, i fenici non hanno alcuna esistenza individuale, personale nel mito greco. Perché, rispetto ai prodotti artistici e agli artisti locali, la fantasia del popolo greco illustrata nelle saghe era spinta a nuove creazioni.

Se, dunque, in epoca arcaica bisogna riconoscere una tendenza artistica dell'Asia minore e rodia differente da quella fenicio-cipriota, che illustri il punto di partenza di uno sviluppo greco autonomo, con ciò non intendiamo dire che vi siano punti di

---

[131] Cfr. Helbig, *Decorazione geometrica*, cit., p. 253.

contatto tra le due. Di alcuni abbiamo già discusso; altri vanno accennati ora. Nelle famose ciotole d'argento cipriote-fenicie abbiamo alcune tracce dello spirito greco; ci riferiamo, per esempio, al fregio degli uccelli marini[132] e degli stambecchi[133], così come alle rappresentazioni di caccia[134]. Ciò si ripete oggettivamente, anche se non stilisticamente, in molti esemplari del tipo del cavaliere del bracciale di Corneto, che si contorce sotto il flagello (j). Del tutto riconoscibile è la mano di un artista greco, cioè greco-cipriota, nel modo in cui i leoni e i grifoni, in lotta contro i démoni alati, sono rappresentati non in modo assiro con schematica serenità, ma con un senso pienamente greco di azione viva[135]. Questo conferma ciò che abbiamo detto finora circa la differenza fondamentale tra gli esseri alati asiatici e quelli greci. Il greco tratta in entrambi i casi le cose in base a ciò che sono, come attive e vive; l'orientale, di contro, le tratta in base a ciò che significano, come passive ed esanimi. Ecco che quando l'allegoria sopraggiunge nell'arte, la vita scompare, e viceversa. Perché una figura allegorica, da un punto di vista artistico, è incapace di qualsiasi movimento; non è un individuo, ma è una formula. È assai strano vedere come entrambe queste visioni artistiche si siano ostacolate e conservate nei tipi delle ciotole cipriote. Proprio a Cipro è caratteristico un tale incontro, a conferma della supposizione di Brunn precedentemente menzionata intorno al carattere dell'arte cipriota, cioè cipriota-fenicia.

Anche qui possiamo tracciare un parallelo mitico: le opere dei fenici, ovvero la loro origine asiatica, è stata elogiata da Omero per il suo splendore, per la sua maestria artistica eccetera; ma i prodotti artistici realmente vivi, come i fanciulli dorati del re fenicio eccetera, vennero alla fine attribuiti, anche solo nell'idea, a Efeso, che reca un'impronta greca. Questa differenza indica già

---

[132] "Monumenti inediti", 1874-78, tav. 33, n. 1; 2.

[133] Cesnola, *op. cit.*, p. 338.

[134] Grifi, *op. cit.*, tav. 5. = Canina, *op. cit.*, I, 66, n. 1. – "Monumenti inediti", 1874-78, tav. 33, n. 5.

[135] Longpérier, *op. cit.*, III. pl. 10; 11 ss.

agli albori un'opposizione poi assai sviluppata tra l'arte decorativa asiatica e quella costruttiva greca.

Ci condurrebbe troppo lontano inseguire i fili dei legami più distanti attraverso cui la tendenza artistica rodia si riallaccia a quella anteriore o coeva. Ma merita una breve considerazione il suo legame con i reperti micenei. Essi sembrano affini, nella misura in cui i reciproci monumenti indicano per lo più preziosi ornamenti mortuari. Inoltre, comuni a entrambe le tendenze sono determinati legami con l'arte licia, a Micene mediati dall'architettura. È indicativo anche l'uso comune di certi tipi ornamentali molto antichi: ecco il motivo di palmetta che ricorda la colonna ionica[136] e il motivo circolare del meandro[137]. Infine, un monumento come il tempietto votivo dorato[138], che ricorda direttamente il tempietto dell'orafo di Efeso, può collegare il motivo più antico a quello più tardo. Alla nostra tripartizione sembra corrispondere anche la totalità dei reperti micenei. Perché anch'essi, benché non manchino i passaggi e le categorie intermedi, si dissolvono essenzialmente nelle tre tendenze principali; solo che, al posto dell'arte telchina, abbiamo un'altra arte più antica e semi-barbarica, che possiamo indicare come licio-caria[139]. Accanto a questa, abbiamo, da una parte, una tendenza essenzialmente anteriore allo stile cosiddetto geometrico locale-naturalistico[140], rappresentato dai vasi, e, dall'altra, l'importazione puramente asiatica, che emerge, tra l'altro, negli oggetti di avorio di Spata e Menidi. Con il nome provvisorio di "caria", secondo il procedimento di Köhler[141], indichiamo quella tendenza artistica specializzata soprattutto nell'imitazione naturalistica di quei motivi desunti da una vita marittima bellicosa. Se sintetizziamo i monumenti micenei sotto il nome mitico dei Ciclopi, attivi in quel luogo, possiamo ampliare e mutare la nostra tabella, che può

---

[136] Schliemann, *op. cit.*, p. 367, n. 484. – Grifi, *op. cit.*, tav. 2.
[137] Schliemann, *op. cit.*, p. 103, n. 142. – Grifi, *op. cit.*, tav. 6, n. 1.
[138] Schliemann, *op. cit.*, 306, n. 423.
[139] Cfr. Köhler, *Grabanlagen in Mykene und Spata*, cit., pp. 1 ss.
[140] Cfr. Furtwängler-Loeschcke, *Mykenische Thongefässe*, cit., *passim*.
[141] Köhler, *Grabanlagen in Mykene und Spata*, cit.

illustrare l'ingresso di influssi stranieri nell'arte greca arcaica, se tramandata da un punto di vista monumentale:

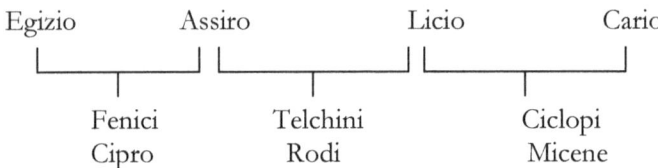

Egizio   Assiro   Licio   Cario

Fenici   Telchini   Ciclopi
Cipro   Rodi   Micene

Per ciò che riguarda la datazione cronologica dello stile rodio antico, l'assenza di riferimenti ai Telchini in Omero sembra indicare il fatto che la loro tendenza artistica fosse più tarda rispetto a quella cosiddetta fenicia di Cipro. Con questo non escludiamo naturalmente una giustapposizione coeva; ma, per la tendenza telchina, cerchiamo di porre come *terminus post quem* più antico approssimativamente l'VIII secolo a.C. Una datazione più precisa dipende dal fatto che gli oggetti d'oro ritrovati a Camiro appartengono allo strato più antico della necropoli"[142] e non possono, quindi, essere posteriori al VI secolo a.C.; questo corrisponde anche alla forma tardo-arcaica dei tipi rappresentati delle Arpie[143]. Il termine viene ristretto ancora di più se si osserva il legame dei monumenti dubbi con i vasi melii. Essi indicano uno stadio artistico posteriore per uso e rappresentazione della figura umana, così come per carattere dell'ornamento. E poiché quei vasi possono essere datati poco più tardi del VII secolo, essi indicano un ulteriore *terminus ante quem* dei nostri monumenti. Questa supposizione viene confermata dal loro stretto legame con il vaso di Euforbo[144], collocabile prima della XLVII Olimpiade per ragioni epigrafiche[145]. Quindi, possiamo datare i monumenti in questione con una certa sicurezza fra il 650 e il 550 a.C.[146] In

---

[142] Salzmann, *Nouvelles archéologiques*, cit., p. 1.

[143] Cfr. H. Brunn, *Über die Chronologie der ältesten griechischen Künstler*, in "Sitzungsberichte der K. Bayerischen Akademie der Wissenschaften", I, 1871, p. 220.

[144] Salzmann, *Camiros*, cit., pl. 53.

[145] A. Kirchhoff, *Studien zur Geschichte des griechischen Alphabeths*, 3. Auflage, Berlin, Dümmler, 1877, p. 42.

[146] Helbig, *Cenni sopra l'arte fenicia*, cit., p. 234.

piena armonia con il nostro risultato, abbiamo la datazione delle ciotole d'argento cipriote in parte ritrovate con tali monumenti, che poi, per altri motivi comprensibili, sono state datate intorno al 650 a.c. Certo, può esserci una certa differenza tra i singoli ritrovamenti nello spazio cronologico in questione; alcuni indizi ci spingono in tale direzione.

Bisogna, inoltre, considerare che la possibilità d'importare le opere d'arte rodie in Etruria, storicamente dimostrabile in epoca anteriore, è generalmente suggerita dal fatto che gli oggetti in questione provenivano quasi del tutto dalle città portuali etrusche di Cere e Corneto, così come da Preneste, facilmente raggiungibile dal mare. Che i fenici attivi in tali località possano aver trattato anche merci greche, è evidente. Ma noi non siamo costretti a considerarli mediatori. Perché abbiamo testimonianze storiche secondo cui, nel periodo in questione, non solo i greci ma proprio i rodii operavano in questa regione. Prima che i fenici, vale a dire i cartaginesi, solcassero il Mar Tirreno, essi dovettero superare difficili conflitti (anche durante la prima metà del VI secolo) con le flotte da guerra rodia e cnidia[147]. Che entrambi vi commerciassero all'epoca, è alquanto ovvio. Perché l'obiettivo bellico era il dominio commerciale in tale regione. E che i cartaginesi non lo esercitassero all'epoca, non è stato ancora dimostrato[148]. Anche la proposta fatta intorno al 540 a.C. da Biante ai fenici di emigrare in Sardegna[149], indica un'acclarata conoscenza delle condizioni locali, che si poteva avere solo attraverso un traffico commerciale dall'Asia minore. A tale scambio dovette giovare la posizione delle antiche colonie greche in Sicilia e in Italia meridionale. Ma che proprio i rodii e i cnidi abbiamo giocato un ruolo particolare, lo dimostra la loro colonizzazione di Lipari nell'anno 579 a.C.[150] Da qui non sono lontane le coste etrusche e poiché, come detto, all'epoca i cartaginesi non controllavano ancora quella regione, uno scambio

[147] Diod. 5, 9. – Paus. 10, 11, 3.
[148] Helbig, *Cenni sopra l'arte fenicia*, cit., p. 237.
[149] Herod. 1, 170.
[150] Diod. 5, 9 – Strabo. 6, 275. – Paus. 10, 11, 3.

commerciale coi rodii (stante l'esito della nostra ricerca monumentale) va ammesso con certezza quasi matematica.

Il traffico commerciale fu poi interrotto, nella seconda metà del VI secolo, a seguito della sconfitta dei greci contro i cartaginesi[151]; ma questo non cambia affatto la situazione, mostra unicamente una diversa datazione dei nostri monumenti sino ai limiti dell'anno 550 a.C. Il fatto che i monumenti rodii fossero ritrovati in parte insieme e accanto a quelli ciprioti-fenici, indica, in base a quanto abbiamo detto finora, un'epoca di transizione dal dominio commerciale greco a quello fenicio; anche se quei prodotti ciprioti fossero stati introdotti dai rodii, il che non è affatto escluso. In ogni caso, luogo e tempo dei ritrovamenti etruschi non confutano, ma avallano la tesi della loro origine asiatico-minore, cioè rodia. Una tradizione decisamente storica attesta, quindi, la convinzione ottenuta dai monumenti: che essi furono importati da Rodi in Etruria.

È inutile gettare uno sguardo rapido sulle imitazioni o sui generi artistici ibridi introdotti in Etruria dai monumenti rodii. Forse, furono importati e usati in parte come semilavorati: prendiamo, per esempio, due ferri di cavallo di questo stile, con le rappresentazioni di una donna alata, che si trovano su una cista d'argento di Preneste[152]. Il parallelo immediato rende subito evidente la differenza tra lo stile rodio, da una parte, e quello asiatizzante di provenienza etrusca, dall'altra. Quali imitazioni etrusche relativamente antiche possiamo indicare uno scudo pettorale dorato,[153] una collana dorata[154] e un vaso di bronzo[155], tutti e tre di Corneto. La presenza di tipi e ornamenti barbarici appartenenti all'arte italica arcaica, così come generalmente una certa ottusità nella modellatura e una carenza di senso architettonico contrassegnano questi prodotti. Un confronto fra

[151] Herod. 1, 166. – Cfr. Helbig, *Cenni sopra l'arte fenicia*, cit., *passim*.
[152] "Monumenti inediti", VIII, 1864-68, tav. 26, n. 1. = "Archaeologia. Miscellaneous Tracts related to Antiquity", XLI, 1867, pl. 10. – Cfr. Schliemann, *op. cit.*, p. 230, n. 306.
[153] "Monumenti inediti", 1874-78, tav. 10b, n. 2.
[154] Ivi, tav. 24a, n. 6ab.
[155] Ivi, tav. 24a, n. 7.

lo scudo pettorale di Corneto e il bracciale sempre di Corneto (j) è particolarmente istruttivo.

A un'epoca più recente appartiene un gioiello dorato con una fibula provvista di un'iscrizione eseguita con la tecnica della granulazione, etrusca per idea e lingua[156]. Il nostro gioiello illustra la transizione verso la tecnica orafa etrusca più recente, che, divenuta giustamente famosa, deve discendere originariamente da quella rodia. Il carattere originario dell'arte etrusca, assolutamente mimetico e poco dotato di forza inventiva, è stato quindi riportato alla luce. Ricostruire chiaramente il processo transitorio dallo stile originale a quello imitativo spetta a una storia particolare dell'arte orafa in Etruria; che dovrà, però, sempre partire dai reperti "rodii". Come si separarono dalla massa totale dei cosiddetti monumenti etruschi quelli "italici arcaici"[157], così anche quelli rodii vanno separati da quelli ciprioti: nella tomba di Galassi di Cere sono rappresentate tutte e tre le tendenze. La questione molto discussa sull'origine dell'arte etrusca anteriore ci riporta quindi, per quanto riguarda l'influsso straniero, da una parte all'Asia interna attraverso Cipro, dall'altra all'Asia anteriore attraverso Rodi.

Come abbiamo visto, le rappresentazioni greche arcaiche dell'Artemide asiatica appartengono allo stile "rodio"; il suo tipo artistico deve, quindi, essere transitato inizialmente dalla terra ferma dell'Asia minore alle isole greche egee. La presenza relativamente frequente di quel tipo nei monumenti rodii sembra indicare un legame autoctono della dèa con Rodi, confermato anche altrove. Inizialmente, abbiamo trovato a Camiro una grande quantità di statue di donne sedute di carattere arcaico-antico, che sorreggono sul grembo un leone, un capriolo eccetera, e che indicano molto probabilmente Artemide[158]. Inoltre, i Telchini autoctoni sono chiamati δαίμονες προσηφοι (demoni proseoi, cioè

---

[156] "Monumenti inediti", VI, 1854-58, tav. 10.
[157] H. Brunn, *Sull'antichissima arte italica. Lettere ad Augusto Castellani*, in "Annali", XXXVIII, 1866, p. 410.
[158] Salzmann, *Camiros*, cit., tav. 9, 16.

rivolti a Est)[159] e, allo stesso tempo, Ἄρτεμις προσηφα (Artemide proseoa, rivolta a Est)[160], di cui conosciamo solo nome e azione, aveva un tempio sulle coste dell'Eubea. In ogni caso, questo soprannome nel mito greco non è casuale; piuttosto, si basa sui legami mitici, che noi, però, non possiamo più ricostruire. Ciò che è certo è che entrambi (i Telchini come l'Artemide asiatica), anche dal punto di vista del mito greco, indicano πρὸς ἠώ (verso) l'Oriente, cioè soccombono all'influsso asiatico, come era già dimostrato dai monumenti. Si veda la conformazione del tipo rodio della dèa; esso mostra contenuto materialmente asiatico, formalmente greco. Del primo è degno di nota il legame inorganico delle ali con il corpo, del secondo la loro forma ricurva (d). Che la figura delle ali a forma di falce apparsa all'epoca[161] debba ricordare la falce lunare[162], non è accettabile nella simbologia caratteristica di questi tipi; piuttosto, i motivi tecnici possono essere stati rilevanti, poiché le ali a forma di falce rappresentano essenzialmente una riduzione della piega. Dal punto di vista tecnico, il tipo rodio indica un carattere assolutamente orientale; perché le figure della dèa sono prodotte dappertutto con la punzonatura (a b c), tutt'al più con l'aggiunta di finti granuli (d).

Negli esemplari citati si possono individuare i singoli elementi del tipo. Lo scudo pettorale di Galassi (a) mostra solo la donna alata con le mani distese e con un genere di palmette al posto degli animali; i quali si trovano rappresentati a parte nel tipo virile che sorregge un leone al centro dello scudo stesso. Il bracciale di Cere (b) mostra riuniti i due elementi, mentre un leone a destra e a sinistra "in posa araldica" si trova accanto a una donna priva delle ali. I tratti del tipo, derivanti dalla rappresentazione separata di singoli motivi, non vanno ritenuti coevi alle rappresentazioni più antiche, ma piuttosto gli esiti di una rimodellatura posteriore riduttiva da parte dell'artista. In realtà, tutto il tipo di Camiro (d)

---

[159] Diod. 5, 55, 7.
[160] Plut. Them. 8.
[161] Vaux, *op. cit.*, n. 2.
[162] Cfr. E. Curtius, *Goldplättchen aus Kamiros (mit einem Holzschnitt)*, in "Archäologische Zeitung", XXVII, 1869, p. 111.

va considerato quello più antico, non solo per motivi stilistici ma anche per l'aspetto simile a quello di un idolo intagliato. Questo tipo appartiene sicuramente ancora al VII secolo a.c. e ci fornisce l'immagine iniziale della dèa nei suoi tratti imperituri: una donna dall'abito lungo, provvista di due ali sulle spalle, che sorregge con posa calma e inattiva un animale sia con la mano destra sia con quella sinistra (in questo caso un leone). Anche il tipo di Preneste (c) può essere considerato una riduzione e, in parte, un ampliamento di quello tradizionale. La figura della dèa è solo in parte tratteggiato e sfuma sotto una palmetta, mentre i leoni sono alati e sono posti semplicemente in modo simmetrico al suo fianco; apparentemente, l'artista si è concesso qualche arbitrarietà rispetto all'obiettivo tettonico.

Tutte le rappresentazioni sono eseguite in metallo e fungono da decorazioni tombali; non è impossibile che l'Artemide asiatica fosse legata specialmente come μήτηρ τών δαιμόνων (madre dei demoni) al culto mortuario (si pensa alla nonna del demonio). Delle Arpie questo è certo; come non solo lo dimostra il monumento alle Nereidi di Xanthos, ma anche la loro frequente presenza nella decorazione funeraria etrusca. Altri idoli alati trovati a Rodi (q) e in parte in Crimea[163], che in ogni caso sono lavorati con l'oro e in uno stile simile a quello rodio, sembrano indicare lo stesso uso. Gli idoli alati e la rappresentazione della nostra dèa hanno probabilmente una funzione apotropaica; il senso degli orientali rivolto maggiormente al lato notturno della natura anche qui non si smentisce. Inoltre, questi tipi esprimono, per aspetto e uso, da una parte, il carattere fantastico, dall'altro quello puramente decorativo dell'arte asiatica, cui originariamente appartengono. Le ali non servono a volare, ma sono considerate simboli, indicazioni di un'esistenza demonica meta-sensibile. È forse legittima la loro posizione intermedia tra un'arte puramente asiatica e un'arte tardo-greca, assirizzante, per esempio quella dello stile vascolare corinzio, indicata come pseudo-asiatica. La loro diffusione poteva essere stata piuttosto ampia; il fatto che ci siano giunte soltanto alcune rappresentazioni, fa parte della natura delle

---

[163] "Compte-rendu de la Commission Imperiale archéologique", III, 1865, pl. 2, 3. – Ivi, IV, 1866, pl. 2.

cose. Inoltre, la fabbricazione e il genere di produzione punzonata celano il fatto che gli esemplari qui meno presenti vadano considerati i resti di numerosi monumenti che non ci sono stati tramandati o che non ci sono noti finora.

La seconda classe dei nostri tipi di Artemide mostra cronologicamente, geograficamente e formalmente un progresso nello sviluppo della tendenza artistica greca più individualizzante. Definiamo "melio" il nuovo tipo, se appare sui monumenti artistici affini o simili allo stile dei cosiddetti vasi melii, anche se sono stati ritrovati in luoghi lontani.

2) Tipo melio
  a. *Frammento vascolare di Thera* ("Archäologische Zeitung", XII, 1854, tav. 61).
  b. *Cassetta d'argilla di Tebe (inedita)* (Berliner Museum).
  c. *Piatto d'argilla di Micene* ("Archäologische Zeitung", XXIV, 1866, tav. A).

Sembra che lo stile rodio, considerato in parte straniero, coincida con quello autoctono indipendente, di carattere puramente greco, apparso inizialmente sulle isole prospicienti. Perché la rappresentazione più antica dell'Artemide asiatica all'infuori del continente (a) è originaria presumibilmente di Thera[164], ma in ogni caso "è sicuramente della stessa manifattura, se non di stessa mano" dei vasi melii pubblicati da Conze[165]. Lo stile è, quindi, cronologicamente ben definito: deve risalire al più tardi al VII secolo e si riallaccia al tipo rodio. Stilisticamente, come materialmente, vi prevale l'elemento nazionale greco. Solo le ali, e anch'esse nella forma ricurva ellenistica, ricordano l'origine asiatica: sono attribuite in modo quasi inutile al petto della dèa. Una certa libertà di trattazione si evince dallo schema che sorregge gli animali; invece dei due leoni prima eretti, sorretti ciascuno per una mano, ora ne abbiamo uno solo nell'atto di ruggire, afferrato per l'orecchio e per la coda. Anche questo motivo è certamente

---

[164] Gerhard, *Persische Artemis*, cit., p. 181.
[165] Conze, *Melische Thongefässe*, cit., p. VI.

orientale, come si evince dalla comparazione fra i monumenti assiri[166] e un'attestazione letteraria relativamente più tarda, ma che risale a una tradizione molto antica. In un romanzo turco del XIV secolo[167], per tratteggiare la forza di una potente e favolosa principessa guerriera, si narra infatti di come lei afferri per la coda un leone allo stesso modo. Del resto, la caratterizzazione vivace del leone, così come l'usuale e prestabilita descrizione di tutta l'immagine del vaso, mostra chiare tracce dello spirito greco; il quale cerca, anche in questo caso, di trasmettere nuova linfa alla formula tradizionale. Ancora più libero da influssi stranieri appare il tipo di Artemide in un altro vaso melio di stile leggermente affettato[168]: la dèa, che non indossa le ali, sorregge tuttavia con la mano destra un cervo rampante, primo esempio di un motivo così frequente nell'arte greca più tarda. Sebbene il tipo sia paragonabile a quello dell'Artemide greca, vi è la significativa differenza che la dèa è rappresentata sul frammento di Thera in maniera puramente ornamentale. Al tipo indigeno e vivace si oppone, inequivocabilmente e consapevolmente, quello straniero e simbolico.

Poiché, all'epoca, l'arte rodia, come detto, non può essere considerata autonomamente greca, i vasi melii ci forniscono, come il cavallo alato per gli esseri animali e l'Artemide asiatica per quelli umani, il primo esempio di ali nell'ambito delle opere d'arte che recano un'impronta predominante greca.

Un altro passo in avanti lo mostrano i due monumenti seguenti (b c). Mentre il tipo della dèa resta immutato per ali e aspetto esteriore, subentrano, al posto degli animali stranieri, i leoni, animali locali, e un genere di uccelli marini sorretti per il collo da ciascuna mano; sembrano cigni oppure oche. Questa nuova forma espressiva media anche oggettivamente tra lo stile greco e quello asiatico appena insinuatosi; corrisponde pienamente al carattere artistico abituale della cerchia "melia". La cassetta d'argilla di Tebe (b) appartiene, per tecnologia e

---

[166] "Archäologische Zeitung", XII, 1854, tav. 64, n. 4. ss.
[167] *Die Fahrten des Sajjid Batthal*, übersetzt von H. Ethé, 2. Auflage, Leipzig, Brockhaus, 1871, 68.
[168] Conze, *Melische Thongefässe*, cit., tav. 4.

ornamentistica, al "passaggio allo stile orientaleggiante"[169] e può essere collocata pressappoco nella prima metà del VI secolo a.C. Rispetto al luogo di ritrovamento, possiamo rimarcare che a Tebe era frequente un'Artemide Eukleia, il cui culto indica, in parte, un influsso asiatico e sul cui tempio era posto un leone di pietra[170]. Esso va ritenuto un legame più o meno diretto fra questa dèa e la nostra rappresentata sulla cassetta d'argilla.

Il piatto d'argilla miceneo (c), rappresentazione in rilievo, ci fornisce punti di contatto meno diretti; la sua datazione potrebbe essere particolarmente problematica, dato che l'esecuzione è piuttosto rozza. Mentre la conformazione materiale e le circostanze del ritrovamento indicano una certa affinità col tipo anteriore, anche se mancano stranamente le ali[171]. Il che, in ogni caso, è ascrivibile solo a un'esecuzione negligente. Infine, abbiamo alcuni tipi simili che sembrano discostarsi dal piatto di Micene. Ecco la rappresentazione di una pietra intagliata proveniente dalle isole greche[172] e il ritrovamento di alcuni vasi etruschi di bucchero di elaborazione più rozza[173]. Questi ultimi sono chiaramente un'imitazione di tipi greci, che possono essere stati introdotti in loco intorno al VI secolo a.C. Analogamente potremmo considerare un altro tipo etrusco rinvenuto in varie imitazioni[174]: una figura femminile con quattro ali, che indossa una sorta di polos e che stringe con una mano un uccello sul petto. L'attributo delle ali è sempre un'aggiunta per così dire simbolico-meccanica. Possiamo definire orientaleggiante la seguente classe rappresentata essenzialmente da vasi di stile "corinzio".

---

[169] In base a un'amichevole comunicazione di Loeschke.

[170] Paus. 9, 17, 2.

[171] *Reisefrüchte aus Griechenland: Artémis Persique, terre-cuite de Mycénes*, in "Archäologische Zeitung", XXIV, 1866, p. 257.

[172] "Revue archéologique", XXXI, 1878, pl. 20. n. 3.

[173] "Archäologische Zeitung", XII, 1854, tav. 63, n. 5. – Müller-Wieseler, *op. cit.*, 282a = Micali, *op. cit.*, tav. 17, n. 5. – Müller-Wieseler, *op. cit.*, 283 = Micali, *op. cit.*, tav. 20, n. 1.

[174] Cfr. F. Inghirami, *Monumenti etruschi o di etrusco nume*, Fiesole, Poligrafia fiesolana, 1826, III, 15.

3) Tipo corinzio
  a. *Vaso di Napoli* (Pistolesi, *op. cit.*, VI, 1842, 56. = H.
     Heydemann, *Die Vasensammlungen des Museo Nazionale zu
     Neapel*, Berlin, Reimer, 1871, p. 10, n. 304).
  b. *Vaso di Vulci* (Micali, *op. cit.*, tav. 5, n. 3.).
  c. *Vaso di Corneto* ("Archäologische Zeitung", XII, 1854, tav.
     63, n. 6. = Müller-Wieseler, *op. cit.*, I, 282b. = G. Micali,
     *Antichi monumenti per servire all'opera intitolata l'Italia avanti il
     dominio dei Romani*, Firenze, Passerini, 1810, tav. 73, n. 1).
  d. *Vaso di Berlino* (E. Gerhard, *Berlins Antike Bildwerke*,
     Berlin, Reimer, 1836, p. 184, n. 541).
  e. *Arca di Cipselo* (Paus. 5, 19, 5).

Per quanto riguarda la pittura vascolare, il tipo corinzio mostra
sempre uccelli marini. Poiché essi sono aggiunti esclusivamente
alle rappresentazioni della nostra dèa di cerchia melia e corinzia,
cioè a quelle delle regioni marittime, sembra che, come in passato
attraverso gli animali graffianti si voleva simboleggiare il suo
dominio sul regno della natura del continente, così attraverso gli
animali marini si intenda esprimere il dominio sul regno acquatico.
Perciò, nonostante l'abituale prevalenza di un genere decorativo
asiatico, qui assistiamo alla conquista da parte dell'arte locale
arcaica. Artemide indossa ali dall'abituale forma ricurva, inoltre ha
quasi sempre il polos in testa. La sua figura è anche qui
considerata in modo puramente decorativo ed è inattiva; ma viene
utilizzata come figura umana, in virtù dello schema convergente
del reggente gli animali con la predilezione per il centro di una
superficie, di un fregio o di cose simili. I vasi sono notoriamente
imitazioni di uno stile metallico e si ricollegano in tal modo alle
antiche rappresentazioni dell'Artemide asiatica di stile rodio, a
loro volta essenzialmente di stile metallico. Anch'essi mostrano,
cronologicamente e geograficamente parlando, un progresso nello
sviluppo del tipo: cronologicamente, nella misura in cui possiamo
ascriverli all'incirca alla metà del VI secolo a.C.; geograficamente,
nella misura in cui l'Artemide asiatica (per restare nei centri
principali di fabbricazione) è immigrata dalle isole greche sul
continente greco e, quantomeno, nel porto di Corinto. Non va
misconosciuto un lento e graduale ingresso del tipo straniero.

La conclusione degli stadi evolutivi precedenti e, parimenti, l'inizio di una nuova evoluzione caratterizzata dall'ingresso dell'Artemide asiatica in Grecia, sono sintetizzati dalla rappresentazione sull'arca di Cipselo. Anch'essa è strettamente legata a Corinto; anch'essa viene a contatto con l'arte dell'Asia minore. Ma, d'altra parte, le numerose rappresentazioni nelle saghe di area geografica greca dimostrano che, contrariamente ai vasi corinzi, essa è un prodotto di tendenza autonomamente greca, anche se dovuto a lavorazione straniera. Perciò, l'Artemide asiatica sull'arca di Cipselo non solo è quella più antica nella tradizione letteraria, ma è anche la prima presente nell'ambito di un'arte greca indipendente. Il dominio straniero viene in un certo qual modo spezzato anche in questo tipo, che diviene una rappresentazione autoctona. Quindi, non solo relativamente al materiale utilizzato, ma anche in un altro senso, l'arca di Cipselo assume una posizione particolare di fronte ai vasi corinzi. Per lo meno perché, con tutta probabilità, essa è più antica rispetto ai vasi; in secondo luogo, perché prosegue lo sviluppo del tipo dell'Artemide asiatica nelle opere d'arte dell'età arcaica, come, per esempio, il vaso di François. Mentre la rappresentazione della dèa con gli uccelli marini presente sui vasi corinzi si distanzia dalla prima e non subisce alcuno sviluppo ulteriore, sull'arca di Cipselo riappaiono in forma antica gli animali graffianti sorretti dalle dèa e trasmessi all'arte dell'epoca successiva. Da allora, la dèa ha una dimora sul continente greco, sorregge e domina solo gli animali del continente, senza ulteriori cambiamenti.

In questo caso vanno indicati certi tratti comuni fra i monumenti arcaici di Camiro e quelli dell'arca di Cipselo. L'Artemide asiatica, la figura umana dalla testa leonina, il centauro dalle zampe anteriori umane[175] e l'antica tecnica orafa, sono comuni a tutti. Questo dimostra nuovamente il legame, già più volte evidenziato, fra l'arte dell'arca di Cipselo e quella delle coste dell'Asia minore. La dèa dell'arca di Cipselo si è, quindi, dimostrata un tipo transitorio dall'età delle rappresentazioni assirizzanti a quelle successive.

---

[175] Salzmann, *Camiros*, cit., pl. 1. = Vaux, *op. cit.*, n. 8. – Paus. 5, 19, 7.

b.2. Età arcaica

1) Rappresentazioni greche

    a.   *Bronzo di Olimpia* (E. Curtius e F. Adler, *Die Ausgrabungen zu Olympia*, Berlin, Wasmuth, 1878, III, tav. 23. = E. Curtius, *Das archaische Bronzerelief aus Olympia*, in "Abhandlungen der K. Berliner Akademie der Wissenschaften", 1879, tav. 1; 2).

    b.   *Cammeo di Egina (inedito)* ("Archäologische Zeitung", XXXVII, 1879, p. 106).

    c.   *Vaso di François* ("Monumenti inediti", IV, 1844-88, tav. 58. = "Archäologische Zeitung", XII, 1854, tav. 63, n. 7; 9).

Il nuovo gruppo, che assume già un carattere puramente greco, si trova geograficamente vicino a quello precedente, poiché appartiene in parte al Peloponneso; cronologicamente, è in larga parte e, forse, in generale di origine più tardo, anche se non è accertabile con sicurezza, perché i progressi artistici nelle singole regioni greche erano all'epoca disomogenei. Si tratta, innanzitutto, del rilievo bronzeo di Olimpia (a). Fra tutti i tipi precedenti e quelli successivi, il gruppo si differenzia per il fatto che la dèa è fornita non di due, ma di quattro ali; il primo paio, come d'abitudine, è liberamente sporgente sulle spalle, l'altro, in modo parzialmente atrofizzato, è fissato saldamente e aderentemente ai fianchi[176]. Si tratta indubbiamente di una reminiscenza delle rappresentazioni orientali, come del resto era consueto nell'arte greca arcaica; le rappresentazioni arcaiche più antiche, di contro, presentano, anche se non nell'Artemide, lo stesso motivo: vedi le figure alate femminili di significato indefinibile sullo scudo pettorale di Galassi.

Nel rilievo di Olimpia (a), così come sull'arca di Cipselo, abbiamo nuovamente i leoni vivacemente illustrati al posto degli uccelli marini. I due monumenti appaiono, peraltro, affini: oltre che dall'Artemide asiatica, essi sono accomunati dall'introduzione

---

[176] E. Curtius, *Das Bronzerelief aus Olympia*, Berlin, K. Akademie der Wissenschaften, 1880, p. 26; 31.

di centauri con zampe anteriori umane, dall'uso come borchia di una cassa, che, anche nel secondo caso, era probabilmente un dono votivo, e, infine, dal luogo di ritrovamento. Poiché il rilievo è stilisticamente molto antico, fra tutti i monumenti conservati attigui esso dovrebbe fornirci un'idea dell'elaborazione dell'arca di Cipselo, che prosegue in epoca successiva i suoi legami con Rodi.

A tale rilievo si collega il secondo monumento proveniente dal Peloponneso o, per lo meno, da quelle parti: il cammeo di Egina (b); per quanto sia rozzo, esso è eseguito in stile decisamente arcaico, indossa due ali sulle spalle e sorregge con le mani un leone e un cerbiatto. Quel cammeo va considerato, per le suddette analogie, una versione greca del motivo originariamente asiatico.

La rappresentazione più importante dell'Artemide asiatica dell'età arcaica è quella sul vaso di François (c). Se è lecito ammettere con una certa sicurezza l'origine attica antica[177], il tipo corrispondente ci appare sospinto nel vero punto nevralgico della vita artistica greca. Che questo sia accaduto all'incirca nella seconda metà del VI secolo a.C., può essere pacifico in base alla cronologia del vaso di François. La dèa è utilizzata due volte e, come in tutti i monumenti analizzati, in modo puramente decorativo-ornamentale; inoltre, occupa la posizione di borchia o piastra di copertura su un manico del vaso. Il raddoppio dimostra come le sia attribuita, per lo meno, un'esistenza personale; la figura è identica ad altri tipi ornamentali di origine asiatica, come, per esempio, le coppie di Sfingi. Poiché, d'altra parte, il vaso di François mostra una certa affinità con l'arca di Cipselo, siamo autorizzati a risalire al primo circa la rappresentazione dell'Artemide asiatica. Anche qui possiamo affermare con sicurezza che il tipo della nostra dèa può essere considerato un membro interpolato della decorazione e non, contrariamente a quanto creduto finora, attore o spettatore di un processo mitico. Per caratterizzazione mitica, la dèa è incapace di agire o di partecipare all'azione; il che è testimoniato senza eccezione in tutti i monumenti conservati e, quindi, anche per l'arca di Cipselo vale ciò che ci è stato trasmesso dalle fonti scritte. Lo conferma il gruppo a riposo che funge da controparte nelle rappresentazioni

---

[177] Jahn, *Vasensammlung*, cit., p. 157.

dell'Artemide asiatica (Atalanta con il cerbiatto e Melanione)[178]. A tal proposito, emerge chiaramente come il tipo introdotto dall'Asia, anche se in parte o del tutto in forma greca, non ottenga vita reale; resta sempre una parola straniera nel linguaggio artistico locale. In uno stile preferibilmente decorativo, come quello vascolare corinzio, l'Artemide asiatica poté raggiungere una certa importanza; ma non appena l'arte autonomamente greca solleva il capo, sull'arca di Cipselo e sul vaso di François, la dèa abbandona le rappresentazioni del mito greco, sparisce come soggetto principale della decorazione e si rifugia nella posizione tettonica di minor valore. Del resto, il suo schema non è mutato rispetto al passato; il fatto che sorregga due leoni nella prima rappresentazione del vaso di François, mentre nell'altra una pantera e un cervo, indica, come il cerbiatto del cammeo di Egina, una concezione maggiormente greca del suo carattere. La sua rappresentazione in tale forma deve indicare, quindi, un legame tra l'antico tipo asiatico della dèa della natura e quello successivo greco della dèa della caccia.

Se si pensa che, da una parte, sul vaso di François i centauri dalle zampe anteriori umane sono rappresentati dal solo Chitone e, dall'altra parte, sull'arca di Cipselo il Fobo dalla testa leonina è alleggerito da una maggiore figura umana, infine che l'Artemide asiatica, per forma esteriore, si è sviluppata in opposizione a quella greca più tarda; non possiamo fare a meno di vedere in tutto questo un'ulteriore prosecuzione dello sviluppo artistico che ci porta dai monumenti rodii all'arca di Cipselo e, da questa, ai rilievi di Olimpia. A conferma della sua ulteriore rilevanza, il vaso di François illustra nel tipo dell'Artemide asiatica il punto conclusivo di una linea evolutiva iniziata prima del VII secolo a.C.

Alle rappresentazioni greco-arcaiche si collegano quelle che, benché di mano etrusca, sono tuttavia attribuibili, dal punto di vista contenutistico, allo stesso periodo artistico.

---

[178] Paus. 5, 19, 2.

2) Rappresentazioni etrusche
   a. *Recipiente bronzeo di Grächwil* ("Archäologische Zeitung", XII, 1854, tav. 63, n. 1. = "Mittheilungen der Antiquarischen Gesellschaft in Zürich", VII, 5, 1860, tav. 2; 3).
   b. *Vaso di bucchero di Firenze* ("Archäologische Zeitung", XII, 1854, tav. 63, n. 8. = Müller-Wieseler, *op. cit.*, I, 281a. = Micali, *Monumenti antichi*, cit., tav. 21, n. 1; 2).
   c. *Statuetta bronzea* (J. De Wilde, *Signa antiqua e Museo Jacobi de Wilde*, Amstelaedami, Auctor, 1700, tav. 11).
   d. *Manico di specchio bronzeo* (*Specimen of the society of Dilettanti*, II, 6, 1835).
   e. *Specchio bronzeo* (E. Gerhard, *Etruskische Spiegel*, Berlin, 1843, 4, 289, n. 1. = Canina, *op. cit.*, I, tav. 31, n. 2).

Il noto recipiente bronzeo di Grächwil, la cui produzione originaria è accertata con sicurezza al di là di ogni dubbio[179] grazie alle circostanze del ritrovamento[180], al genere di esecuzione artistica e alla collana della figura principale, mostra il tipo tradizionale con insolita ricchezza di particolari. Una donna alata dalla lunga veste sorregge per mano una lepre; alla sua destra e alla sua sinistra siede un leone, che le porge la zampa; sul polos che le copre la testa si trova un uccello. Inoltre, vi sono altri due leoni seduti su una delle barre orizzontali portate dagli uccelli, alle cui estremità abbiamo due teste di serpente. Apparentemente, la figura esprime il dominio della dèa su tutto il regno animale; il modo tozzo ed esteriormente sovraccarico in cui si presenta questo pensiero, va ascritto, in ogni caso, a un artista etrusco. Di contro, bisogna considerare il gruppo intermedio (la dèa che sorregge le due lepri) come un'indubbia copia di un originale greco. Altri ritrovamenti etruschi indicano la coppia leonina originaria sorretta da Artemide (b) oppure, al suo posto, siedono una Sfinge (c d) o due cani (e). In relazione agli animali attributivi,

---

[179] A. Furtwängler, *Die Bronzefunde aus Olympia und deren kunstgeschichtliche Bedeutung*, Berlin, Dümmler, 1880, p. 68.
[180] H. Genthe, *Über den etruskischen Tauschhandel nach dem Norden*, Frankfurt am Main, Mahlau und Waldschmidt, 1873, p. 128.

osserviamo come si faccia strada una libertà sempre maggiore; evidente anche nel fatto che le ali talvolta sono omesse (c d) oppure la dèa viene rappresentata ignuda (c).

Dato che il tipo è andato incontro all'indeterminatezza nell'arte etrusca, non sembra consigliabile o necessario inseguirne le tracce dappertutto; che spariscono nella stragrande maggioranza delle altre figure alate che quest'arte dilapida a ogni piè sospinto. Tuttavia, il tipo dell'Artemide asiatica, con l'introduzione di altre opere d'arte di carattere orientale oppure orientaleggiante, sembra prediligere l'attributo delle ali. Va osservato che l'arte etrusca più antica, influenzata pesantemente da quella greca arcaica, a conferma del suo carattere conservatore[181], prosegue lungamente il movimento precedente. Nell'età più tarda, abbiamo figure alate di carattere chiaramente demonico; la nota tendenza degli etruschi al dogmatico, così come, in alcuni casi, l'esigenza barbarica di riempimento puramente meccanico dello spazio, possono aver fatto il resto. Ecco che, alla fine, l'arte etrusca si riempì di esseri alati di quel genere che, accanto a influssi artistici alessandrini di ulteriore provenienza, possono anche aver influenzato la rappresentazione di numerosi esseri alati nella pittura vascolare dell'Italia meridionale più tarda.

c. Artemide tardo-greca

Il fatto sorprendente che, dall'autentica fioritura dell'arte greca, cioè da Fidia sino a Prassitele, non si sia né conservata, né tramandata nelle fonti scritte alcuna autentica rappresentazione originale dell'Artemide asiatica, è un'ulteriore dimostrazione che essa non divenne mai un tipo artistico puramente e assolutamente greco; era e restò straniera. Ma è lontanamente simile a un tipo di Artemide dell'età successiva, che appare in parte sui vasi a disegno rosso[182], in parte sui rilievi di carattere architettonico[183] e sulle

---

[181] Brunn, *Sull'antichissima arte italica*, cit., p. 419.

[182] W. Fröhner, *Les musées de France. Recueil de monuments antiques*, Paris, Rothschild, 1873, t 4. Cfr. A. Conze, *Recensione di: W. Fröhner, Choix de vases grecs inédits de la collection de son altesse imperiale le prince Napoléon (Paris, Claye, 1867)*, in "Göttingische Gelehrte Anzeigen", 36, 1868, p. 1417. – "Compte-rendu de la Commission

monete più tarde[184]. In queste rappresentazioni viene dotata di ali, alla maniera dell'Artemide asiatica, la dèa caratterizzata dalla compagnia di un capriolo, dalla fiaccola, dagli archi eccetera; ma non può essere tuttavia identificata con quella asiatica, dato che manca della caratteristica essenziale: gli animali sorretti simbolicamente a destra e a sinistra. Possiamo ravvisarvi, quindi, in parte una semplice reminiscenza delle rappresentazioni anteriori dell'Artemide asiatica, in parte un'allusione sfortunata alla corsa veloce della dèa. Bisogna sottolineare, tuttavia, che quelle rappresentazioni sono assai sporadiche e solo raramente vengono considerate dal tipo artistico greco posteriore di Artemide. Lo stesso dicasi per alcune rappresentazioni ellenistiche dell'Artemide, che, a dire il vero, presentano raramente non tanto l'attributo delle ali, quanto il motivo degli animali sorretti; vedi un rilievo d'argento di Ercolano[185], che mostra un montone a destra e a sinistra della dèa, e un famoso dipinto di Pompei[186], che mostra due cani in medesima posa. Quindi, l'Artemide asiatica non assume alcun significato nello sviluppo dell'arte greca successiva.

Di contro, alle rappresentazioni proto-arcaiche e arcaiche si lega una quantità di riproduzioni arcaistiche che appartengono a un'età successiva (generalmente post-alessandrina), che sono oggettivamente decisamente affini.

3) Rappresentazioni arcaiche
    a. *Vaso di Vulci* (E. Gerhard, *Auserlesene griechische Vasenbilder, hauptsächlich etruskischen Fundorts*, Berlin, Reimer, 1840, I, 26).

Imperiale archéologique", V, 1862, pl. 1, n. 8. Cfr. K. Bursian, *Recensione di: W. Fröhner, Choix de vases grecs inédits de la collection de son altesse imperiale le prince Napoléon (Paris, Claye, 1867)*, in "Literarisches Centralblatt für Deutschland", 1869, p. 913. – Welcker, *Antike Denkmäler*, cit., tav. 8.
[183] R. Schöne, *Griechische Reliefs aus athenischen Sammlungen*, Leipzig, Breitkopf und Härtel, 1872, tav. 32, n. 128; 129.
[184] "Revue numismatique", XIX, 1854, pl. 3, n. 11. – E. Spanheim, *De usu et praestantia numismatum antiquorum (dissertatio)*, Amsterdam, 1717, I, p. 280.
[185] "Monumenti inediti", 1829-33, tav. 14A.
[186] Müller-Wieseler, *op. cit.*, 206.

b. *Vaso di Cere* ("Archäologische Zeitung", XII, 1854, tav. 64, n. 8. = Canina, *op. cit.*, II, 27, n. 2a).

c. *Terracotta dell'Italia meridionale* ("Archäologische Zeitung", XII, 1854, tav. 62, n. 1).

d. *Terracotta di Calvi* (Ivi, n. 2).

e. *Terracotta di Calvi* ("Bullettino archeologico napolitano", VII, 1858-59, t. 14).

f. *Terracotta di Calvi* (ivi).

Poiché è molto problematica la classificazione artistica di queste rappresentazioni di carattere ibrido, esse vanno trattate sommariamente. Una di queste, cioè il vaso di Nicostene (b), è stata ritenuta arcaica, non arcaistica; ma la differenza di vedute riguarda un problema importante e di ampia portata, qui difficilmente risolvibile oppure anche solo accennabile. Per ora basti dire che i tipi in questione sono ritenuti imitazioni di antichi modelli; la decisione sul problema dell'arcaismo più o meno originario di alcuni vasi andrebbe presa cronologicamente. Forse avremo un'altra occasione per ritornarci.

Il tipo del citato vaso a disegno nero, dalla tecnica rozza, appare generalmente una riproduzione del tipo dell'Artemide asiatica sui vasi greci arcaici, vale a dire quello sul frammento di Thera[187]. Anche qui il solo leone viene sorretto per la coda; anche qui la dèa appare in posizione quieta. La corrispondenza, da una parte, e la rarità della rappresentazione, dall'altra, dell'Artemide con il leone nell'epoca successiva indicano necessariamente l'imitazione dell'archetipo, benché le ali vengano omesse per negligenza. Anche il vaso di Nicostene a disegno nero si rivela, a prescindere da motivi stilistici, un'imitazione che rappresenta esattamente il tipo dell'Artemide asiatica coeva all'incirca a quella del vaso di François, ma in maniera assolutamente fuorviante. Invece della figura in posizione quieta, come avviene ovunque senza la più piccola eccezione, qui abbiamo una donna senza ali vivacemente mossa; questo contraddice esattamente il senso e l'obiettivo dell'intero schema e corrisponde alla modalità rappresentativa di Nicostene, altrimenti affettata. È chiaro che

---

[187] "Archäologische Zeitung", XII, 1854, tav. 61.

l'artista conosceva bene il tipo originario, ma non sapeva coglierne il significato e l'uso. La maggior parte delle terrecotte, infine, si lega oggettivamente ai tipi più antichi, ma esistono formalmente alcune contraddizioni che tradiscono la loro origine arcaica. Bisogna stabilire se il fatto che la maggioranza delle terrecotte sia stata rinvenuta a Calvi, lasci dedurre un culto locale dell'Artemide asiatica anche nella tarda antichità. Bisogna accennare all'ingresso di un tipo virile di terracotta affine in figura frigia, che sembra esser stato importato dall'Asia minore in età romana e che pare avere chiari legami con l'Artemide asiatica[188]. Tutte queste rappresentazioni sono eseguite in rilievo, ma rispondono a obiettivi ornamentali e non vanno considerate, quindi, formazioni autenticamente plastiche.

In sintesi, nonostante la scarsità di materiale letterario a nostra disposizione, siamo riusciti a inseguire nel dettaglio l'origine e l'evoluzione del tipo artistico dell'Artemide asiatica. Le rappresentazioni più antiche appartengono allo stile rodio, erano fabbricate su metallo e, proprio in questo modo, poterono probabilmente essere importate in Grecia; solo più tardi, avvennero le riproduzioni fabbricate su o in argilla e quelle di stile metallico. Dall'Asia minore, il tipo giunse – solo per menzionare le stazioni principali della sua diffusione – a Rodi, Melo, Corinto e poi in Attica; e, fedele alla sua patria asiatica, restò sempre di natura puramente decorativa. Le ali distanti simmetricamente a destra e a sinistra, gli animali sorretti simmetricamente a destra e a sinistra ne fanno essenzialmente un tipo *en face*, che dovette adattarsi come applicazione o arto intermedio di una superficie tettonica, specialmente come piastra metallica eccetera. Da questa concezione, differisce solo in casi rari, e particolarmente motivati. Ma l'Artemide asiatica non appare mai nella statuaria ed è silente anche nella poesia e nel mito; in breve, non diventa mai per i greci una figura plastica, nel senso ampio o ristretto del termine.

L'Artemide asiatica resta prevalentemente in Grecia, come in Asia, un simbolo. Come tale, fu caratterizzata innanzitutto dalle ali e si differenziò dagli altri esseri mitici dell'epoca arcaica. Le ali della sua figura umana appaiono per la prima volta nell'arte greca.

---

[188] Ivi, tav. 64. – Cfr. Gerhard, *Persische Artemis*, cit., p. 193.

Proprio questo tipo ci indica effettivamente e dettagliatamente ciò che abbiamo già ammesso teoricamente e generalmente: l'attributo delle ali delle forme artistiche greche non era dovuto alla fantasia inventiva, ma allo stimolo dei tipi e delle opere d'arte importati dall'Asia. Perché, dal punto di vista storico, conta solo l'apparizione iniziale del motivo; a conferma di ciò che abbiamo detto. Il ciclo artistico vitale dell'Artemide asiatica nell'ambito delle rappresentazioni di mano greca cade essenzialmente tra il VII e la fine del VI secolo a.C. In epoca successiva, le sue ali spariscono, salvo rare eccezioni; ma il cervo che l'accompagna anche in seguito, o che ne è sorretto, sembra l'ultima flebile traccia di quel tipo precedentemente alato e che ora sorregge gli animali. Da grande dèa della vita e della morte, la μήτηρ των δαιμόνων (madre dei dèmoni) è diventata la vivace cacciatrice Ἄρτεμις ἰοχέαιρα (Artemide saettatrice). A questa trasformazione – e al cambiamento del suo abito precedentemente lungo in corto, simile a quello amazzonico –, non ha più partecipato l'antica dèa alata greca, salvo eccezioni poco rilevanti[189]. Perciò non ci meravigliamo affatto che Pausania, colmo di preconcetti della sua epoca, non potesse chiamare Artemide la figura sull'arca di Cipselo.

Non sbagliamo se affermiamo che, nella forma della Cibele che troneggia sui leoni, l'Artemide asiatica entri per la seconda volta nel mondo greco-romano, con il rinnovato influsso dell'Oriente, e che raggiunga questa volta anche la riproduzione plastica. Accertare l'affinità tra i due tipi non è per ora il momento; ma possiamo fare un breve accenno. Entrambe sono avanzate verso Occidente a partire dall'Asia minore; dove, in qualche modo, possiamo trovare l'archetipo artistico della nostra dèa dal carattere formale puramente asiatico, cioè asiatico-minore. In base a ciò che abbiamo detto, e generalmente in base al percorso evolutivo geografico e storico successivo, si tratta necessariamente della forma di questo archetipo. Possiamo, quindi, affermare, oggettivamente e stilisticamente parlando, che l'archetipo si trova a metà strada tra le figure assire domatrici di animali e i tipi greci più antichi dell'Artemide asiatica a noi noti:

---

[189] Cfr. Schöne, *op. cit.*, n. 128; 129.

quelli rodii. Speriamo che questa lacuna venga colmata al più presto.

Capitolo VII. *Gorgone*

Tra le figure alate greche, la Gorgone si avvicina, per certi versi, all'Artemide asiatica; di certo solo o, piuttosto, almeno nel caso dell'attributo delle ali. Dato che il legame fra le due figure è stato finora considerato poco o per nulla, sarebbe opportuno avvicinarsi al tipo artistico della Gorgone o alla sua insorgenza. La notevole mole di materiale a nostra disposizione nella storia dell'arte greca può essere considerato solo sommariamente e se risalente all'epoca arcaica. Tratteremo soprattutto la possibile esistenza di un filo conduttore storico rispetto a una possibile realizzazione e un impiego nei monumenti a disposizione. A tal proposito, non basterebbe lo spazio che vi dedicheremo. Il significato mitico e la storia della Gorgone vanno considerati meno rispetto al suo tipo artistico. Cercheremo soprattutto di rispondere alla domanda circa la sua origine. Limitando il nostro compito, potremmo, forse, ottenere una solida base su cui si sarebbero sviluppate progressivamente le forme espressive artistiche più tarde dell'ideale greco della Gorgone per essenza interiore e concettuale.

Le rappresentazioni greche arcaiche della Gorgone conoscono soltanto un essere con questo nome e sono prive di ali; nella maggioranza dei casi, le ali furono conferite sulle spalle solo in un secondo momento, mentre quelle *en face* successivamente. È rilevante il fatto che le Gorgoni sull'arca di Cipselo fossero alate, mentre, di contro, il tipo della famosa metopa di Selinunte non le possedesse. Per ciò che riguarda le ali *en face*, queste, come pare, non esistono affatto sulle immagini vascolari e devono essere state aggiunte, quindi, solo in un'età molto più tarda. Gli influssi sull'attributo posteriore delle ali, così come lo sviluppo graduale della Gorgone, occupano un posto del tutto particolare nella storia di questo motivo artistico greco, come quello dell'Artemide asiatica. Non è necessario, quindi, affrontarne il problema. Non è così per il secondo motivo, tipico della dèa: lo schema che sorregge gli animali. Anche la Gorgone è rappresentata in questo modo e, a dire il vero, in monumenti che, da una parte, testimoniano un'arte molto antica, dall'altra una sua provenienza dall'Asia minore. Sia a destra sia a sinistra, intenta a sorreggere o tenere un leone, proprio come l'Artemide asiatica, la Gorgone appare sul rilievo del carro bronzeo di Perugia[1], su un reperto bronzeo di Orvieto[2], che ricorda rappresentazioni molto antiche, e altrove. Proprio quel legame e la conseguente affinità fra i due tipi vanno sottoposti a una breve discussione.

Nell'arte e nella poesia greche, la Gorgone è prevalentemente femminile. Tuttavia, visto che appare talora barbata, viene indicata come maschile e mostra affinità con certi tipi fenicio-egizi ritenuti creazioni di Fta, cioè di Efesto, o anche della cosiddetta Pataichi fenicia[3], sono stati compiuti numerosi tentativi per mettere in correlazione il suo tipo con quello di Pataichi, oppure di farlo derivare da questo[4]. Al riguardo, va osservato che la rappresentazione barbata della Gorgone nell'arte greca è pur sempre un'eccezione; come risulta chiaramente dal fatto che il mito non le attribuisca mai il sesso maschile. Sembra impossibile, quindi, dedurre il tipo greco della Gorgone direttamente dai modelli fenici (accertandone una sorta d'importazione). Perché non si può prevedere come e perché abbia avuto luogo nel contatto immediato dell'arte greca con quella fenicia la trasformazione di un tipo maschile in femminile, mantenendo la caratterizzazione generale. Detto questo, non va affatto misconosciuto un certo legame tra la Gorgone greca e i tipi di Pataichi, specialmente nel motivo delle lingue prostrate e degli animali sorretti[5], nell'immagine *en face* e nell'abbigliamento con la pelle di leone. Bisogna domandarsi, quindi, in che modo e in che

[1] Micali, *op. cit.*, tav. 28, n. 5. – H. Brunn, *Beschreibung der Glyptothek*, München, Ackermann, 1868, n. 33.
[2] "Archäologische Zeitung", XXXIV, 1877, tav. 11. – Cfr. G. Körte, *Etruskische Kunstwerke aus der Nekropole von Orvieto*, ivi, pp. 110 ss.
[3] Herod. 3, 37. – Cfr. Longpérier, *op. cit.*, , III, pl. 19.
[4] Raoul-Rochette, *op. cit.*, *passim*. – Körte, *op.cit.* – Furtwängler, *Die Bronzereliefs*, cit., p. 59.
[5] Cfr. Rauol-Rochette, *op. cit.*, tav. 5, n. 7; 18. – A. Ferrero Della Marmora, *Memorie sopra alcune antichità sarde*, in "Memorie dell'Accademia Reale delle Scienze", 2, 1853, tav. 14, pl. B, n. 69-73.

misura il tipo della Gorgone possa derivare dalla cosiddetta Pataichi.

L'affinità del tipo dell'Artemide asiatica con i tipi più antichi della Gorgone ci indica come risolvere il problema. L'Artemide asiatica è di casa soprattutto in Asia minore, non si trova nei monumenti fenici o fenicizzanti; possiamo, quindi, affermare che ne sia fondamentalmente esclusa. Abbiamo dimostrato una trasformazione femminile del tipo assiro dei démoni che sorreggono gli animali; allo stesso modo, le cosiddette Sirene e, probabilmente, anche la Sfinge divennero da tipi virili e barbati in Assiria, a tipi sbarbati e femminili in Asia minore. È stato già sottolineato – e potrebbe difficilmente essere messo in dubbio – il fatto che questa trasformazione al femminile dei tipi tramandati dall'estero, per lo più dall'Asia minore, sia una caratteristica peculiare dell'arte dell'Asia minore. Proprio laggiù e solamente laggiù è certificabile quel processo per un'intera serie di tipi, in generale come nello specifico. Poiché alcune fra le più arcaiche rappresentazioni della Gorgone concordano con l'Artemide asiatica per alcuni tratti particolari (lo schema che sorregge gli animali); poiché, inoltre, proprio queste rappresentazioni indicano un legame con l'arte anteriore dell'Asia minore[6], è naturale che la trasformazione al femminile del carattere della Gorgone abbia avuto luogo proprio nella patria di quell'Artemide: l'Asia minore.

Se accettiamo tale ipotesi, si tratterà poi di stabilire perché il tipo virile alla base della Gorgone sia stato ricevuto da quella regione. Ciò che abbiamo detto sembra farci supporre che ci sia stato un influsso fenicio. Il che, però, contraddice il fatto che nell'arte dell'Asia minore, per quanto ne sappiamo dalle fonti scritte o dai monumenti lici e rodii in nostro possesso, non fosse affatto presente un elemento fenicio, oppure fosse molto marginale. Quest'arte, su impulso dall'Asia interna, sembra invece aver battuto una propria strada. In tal caso, è molto rischioso, se non impossibile, fare un'eccezione per il tipo così importante della Gorgone. Bisogna, quindi, cercare una spiegazione differente.

Ecco che ci soccorre l'utile informazione che il Fta egizio-fenicio, il cui tipo artistico è indiscutibilmente affine a quello della

---

[6] Cfr. Körte, *op. cit.*, p. 116.

Gorgone, era originariamente nazional-semitico col nome di Besa, e che, nell'Arabia settentrionale, cioè nell'Asia interna, aveva la sua patria mitica[7]. Che il tipo in questione sia stato introdotto nell'arte egizia dall'estero, è evidente; perché si manifesta relativamente tardi e contraddice direttamente i principi stessi in certi suoi tratti. Quindi, i fenici non lo ricevettero dagli egizi, ma avvenne il contrario. D'altra parte, tutto il carattere dell'arte o dell'industria artistica fenicie, per quanto ne sappiamo, non è affatto originale, anzi è essenzialmente un incrocio fra l'arte egizia e gli influssi asiatici interni. I quali certificano artisticamente l'esistenza di un tipo del genere nell'Asia interna, benché non possiamo dimostrarlo coi monumenti; questo, forse, perché aveva un significato più locale e non fu incluso nell'ampia cerchia del regno mesopotamico. Se si considera tutto questo, diventa non solo una possibilità ma una probabilità che, come per l'Artemide asiatica, anche per la Gorgone il tipo virile alla sua base sia stato ricevuto dall'Asia interna. Esso deve essersi diffuso verso Occidente lungo due direttrici divergenti. Da una parte, avanzò in direzione sud-occidentale verso le coste della Fenicia e dell'Egitto, dove restò virile; dall'altra, emigrò in direzione nord-occidentale verso l'Asia minore, dove assunse un sesso femminile. Perciò, la Gorgone femminile greca non è una creazione derivata da Pataichi, ma parallela. In ogni caso, questo archetipo della Gorgone non è alato; un'ulteriore dimostrazione che, anche nella sua forma greca più antica, non mostrava ali.

A questo esito positivo, onde confutare le ipotesi di un'origine fenicia, segue anche quello negativo: nei monumenti ciprioti-fenici, che dovettero mediare in prima linea tra l'arte fenicia e quella greca, appare il tipo virile di Pataichi, non la Gorgone femminile[8]. Se su un sarcofago di Golgoi[9] viene rappresentato innanzitutto il tipo virile, apparentemente sbarbato, la circostanza è ascrivibile a un'influenza dell'Asia minore, e non greca; tanto più che il carattere stilistico del monumento appartiene a un'età

---

[7] E. De Rougé, *Notice sommaire des monuments égyptiens esposés dans le galeries du Musée du Louvre*, Paris, Racon, 1855, pp. 105, 107.

[8] Longpérier, *op. cit.*, III, pl. 11.

[9] Cesnola, *op. cit.*, tav. 15.

relativamente più tarda e mostra una sorprendente somiglianza con le rappresentazioni licie[10]. Apparentemente, il tipo virile fenicio di Fta, fedele alla concezione originaria dell'Asia anteriore, non fuoriuscì essenzialmente da Cipro. Quindi, possiamo ammettere che il tipo della Gorgone barbata, riprodotto sulle immagini vascolari o su altri monumenti greci, rappresenta una reminiscenza marginale delle impressioni artistiche fenicie. Generalmente, però, per le correnti che portano dall'arte asiatica a quella greca possiamo discutere solo della via terrestre attraverso l'Asia minore, non di quella marittima attraverso Cipro da parte fenicia.

La tradizione letteraria e monumentale relativa alla Gorgone greca concorda con ciò che abbiamo detto finora. Innanzitutto, va stabilito, attraverso il legame inconfondibile con Pataichi, che tanto la loro figura artistica, quanto quella mitica, non ebbe origine dalla fantasia greca, ma fu un tipo trasmesso dall'estero, individualizzato solo più tardi attraverso la forza poetica. Inoltre, è una prassi ripetutamente accertata nella mitologia dell'arte greca che la patria storica di certi tipi artistici vada ricercata dove si localizzano i miti successivamente collegati. Possiamo concludere, quindi, che il mito della Gorgone si è trasferito a più riprese dall'Asia minore, dalla Licia eccetera, che il suo tipo artistico è stato ricevuto da quei territori. Il legame della Gorgone con il Pegaso di casa in Licia ci porta in ogni caso in quella regione. Infine, poiché la Gorgone mitica assume inizialmente un carattere femminile, essa deve averlo già avuto quando il tipo artistico fu importato in Grecia. Esso può aver conseguito i caratteri femminili, come detto, solo in Asia minore; tutte le tracce ci riportano sempre in quel paese, patria del tipo greco della Gorgone.

Il riferimento letterario più antico della Gorgone si trova in Omero[11]. Essa appare, di primo acchito, estranea al motivo che sorregge gli animali, ma finisce per derivarne. Due cose sono particolarmente importanti nella Gorgone omerica: innanzitutto, si parla sempre e solo di una testa, non di tutta la figura; in

---

[10] Cfr. ivi, pp. 260 ss.
[11] *Iliade* 5, 741; 8, 349; *Odissea* 11, 634.

secondo luogo, la testa, originariamente usata per fini ornamentali, prende maggiormente vita e riceve così carattere mitico. Proprio il mito delle Gorgoni non è ancora presente nei versi omerici; un flebile riferimento lo abbiamo solo *Odissea* (11, 634), che racconta della Gorgone una sola volta e come uno di quei terribili fantasmi di casa nell'oltretomba, a forma di testa. Poiché il poema è successivo all'*Iliade*, siamo di fronte all'accenno cronologicamente più tardo della Gorgone di tutta la poesia omerica. I tre passaggi dell'*Iliade*, cronologicamente più antichi degli altri, che si limitano ad accennare alla Gorgone, confermano il dato di fatto che lo sviluppo del tipo procede dalla visione sensibile al mito e non viceversa. Perché essi mostrano un contenuto mitico angusto e un forte contenuto sensibile, come nel passo dell'*Odissea*. Dal punto di vista contenutistico, e perciò necessariamente anche cronologico, il passaggio dell'*Odissea* è paragonabile al riferimento agli occhi terribilmente splendenti della Gorgone nell'*Iliade* (8, 349); qui non abbiamo ancora alcuna traccia di contenuto mitico, ma solo un'immagine creata dal poeta, in parte di carattere personale. Più vicino al suo sviluppo iniziale è l'accenno alla Γοργείη χεφαλή (testa di Gorgone) sull'egida di Zeus (5, 741); qui è poco di più che un attributo di uso ornamentale percepibile dai sensi – un tipo artistico. Esso, infine, ci è dato in visione concreta grazie alla Gorgone affissa come ornamento sullo scudo di Agamennone (11, 36); questo accenno va per lo meno considerato oggettivamente, se non letterariamente, il più antico di tutti i rimandi omerici riguardanti la Gorgone.

Sulla base dei rimandi (conformi alla descrizione del poeta), il tipo ornamentale deve aver rappresentato una testa sbarbata virile. Il genere umano deriva dall'accostamento fra la Gorgone e Ares[12] e dalla forma espressiva puramente umana di tutti gli esseri divini in Omero; la sbarbatura deriva, invece, dal carattere femminile della Gorgone, garantito dalla desinenza del nome. La sua testa era rappresentata su uno scudo, quindi su un rilievo metallico; che non possedesse alcuna aggiunta fantastica, come la capigliatura serpentina, le ali eccetera, si può desumere dall'assenza di ogni menzione nelle pagine del poeta, così come dal carattere sempre

---

[12] *Iliade* 8, 349.

fedele alle forme reali della sua opera d'arte. Come suo tipo artistico letterario greco evidentemente più antico, risulta in Omero la maschera di una testa umana sbarbata conficcata sul metallo, utilizzata come decorazione d'insegna.

A tale riguardo, bisogna spiegare come la Gorgone anteriore che sorreggeva gli animali, rappresentata certamente in tutta la figura, abbia potuto diventare il semplice tipo della maschera virile. Come soluzione più semplice abbiamo la supposizione che il tipo più antico fosse utilizzato in forma ridotta per comodità o necessità tettonica. Quel procedimento era favorito dall'invariata creazione *en face* della Gorgone, comune in tutto l'ambito dell'arte greca solo all'Artemide asiatica, che proprio per questo motivo fungeva da piastra metallica, da ornamento del manico, eccetera. L'uso stesso a sbalzo dello scudo rafforza la nostra ipotesi; e la confermano anche i prodotti di un'arte in qualche modo più tarda, come i tipi dello scudo pettorale di Galassi, dell'ornamento di Preneste eccetera, rappresentati in versione ridotta. Che la riduzione del tipo originario fosse eseguita in Asia minore, si desume sia dal sesso della Gorgone inizialmente femminile in Omero, sia da un prodotto di confine tra il mito e la tradizione della storia dell'arte. La rappresentazione più antica della testa della Gorgone storicamente dimostrabile in Grecia, che si trovava ad Argo[13], deve esser stata fabbricata dai Ciclopi. Con questo nome va inteso quel periodo artistico miceneo ispiratosi specialmente alla Licia e attestatoci dai monumenti plastici e architettonici più antichi presenti laggiù. La rappresentazione della testa della Gorgone deriverebbe, quindi, dall'arte dell'Asia minore, dove fu già praticato il procedimento di riduzione.

I monumenti conservati di epoca relativamente antica confermano la nostra ipotesi. Prendiamo, innanzitutto, quelli che rappresentano la Gorgone solo nello schema che sorregge gli animali o che lo ricordano; sono fondamentalmente luoghi di ritrovamento etruschi. I citati rilievi bronzei di Perugia e di Orvieto vanno considerati imitazioni dirette della modalità decorativa dell'Asia minore di epoca anteriore. A quei rilievi si

---

[13] Paus. 2, 20, 7.

lega un'immagine vascolare di Cere imitativa del disegno nero[14], che – pur ripetendo un motivo molto antico – mostra una testa di Gorgone a ornamento dello scudo e in posa araldica sopra e sotto una coppia di leoni. Per rappresentazione oggettiva e uso tettonico, essa rappresenta l'anello di congiunzione possibile tra la Gorgone più antica, intenta a sorreggere gli animali, e la testa della Gorgone sullo scudo di Agamennone. Quell'immagine si oppone visibilmente alle opere d'arte di origine asiatico-minore, cioè rodie; in particolare, alla figura di diversi tipi mascherati, che possiamo considerare addirittura equivalenti. Uno stadio transitorio dalla rappresentazione di tutte le figure a queste maschere ce lo forniscono le teste schematicamente punzonate delle Arpie e i piccoli tipi fuoriuscenti dalle palmette sul bracciale di Corneto[15]; che si trovano pure sull'estremità inferiore dell'archetto di Cere[16] e, come bottoni metallici, su una cista di Preneste[17]. Indubbiamente, si tratta del prototipo del *Gorgoneion* più tardo. Il motivo della lingua penzolante appartenente all'archetipo asiatico, eliminato in questa riduzione, può essere riapparso in altri esempi coevi; in epoca successiva, finisce in ogni caso per riemergere. La forma tondeggiante e regolare rendeva il *Gorgoneion* adatto specialmente alla tecnica numismatica e punzonata. Così appaiono anche le monete più antiche, come, per esempio, quelle di Abido in Asia minore[18] e quelle di conio asiatico-minore del VI secolo a.C. ritrovate in Etruria[19], che ci riportano in Grecia, nell'arte arcaica autoctona.

Come nella ricerca sul tipo femminile della Gorgone intenta a sorreggere gli animali, tutti questi tipi ci rimandano sempre in Asia minore; e, ciò che più importa, corrispondono per forma espressiva a quella rappresentazione ottenuta analizzando le semplici fonti scritte sulla Gorgone omerica. Che l'accenno più antico fosse presente sullo scudo di Agamennone, a diretto

---

[14] Canina, *op. cit.*, II, tav. 50, n. 2a.

[15] "Monumenti inediti", 1854-58, tav. 33, n. 1; 2.

[16] Grifi, *op. cit.*, tav. 2; 9.

[17] "Monumenti inediti", 1864-68, tav. 26, n. 1.

[18] Leake, *op. cit.*, p. 1.

[19] Cfr. W. Deecke, *Etruskische Forschungen und Studien*, vol. II (*Die etruskische Münzwesen*), Stuttgart, Heitz, 1876, pp. 10-13.

contatto con l'armatura del principe originario di Cipro, ci fornisce un legame vago con l'arte delle coste dell'Asia minore. E lo stesso vale per il tipo della Gorgone nelle altre rappresentazioni sui reperti di Cere, più adatti a illustrarci le opere d'arte d'età omerica. Anche l'arte più tarda si riallaccia miticamente, artisticamente e storicamente a questi tipi; il Fobo dalla testa leonina sullo scudo di Agamennone, presente sull'arca di Cipselo, è solo un'altra versione della testa della Gorgone presente sullo scudo omerico, ma, come detto, è originaria dell'Asia minore.

Le rappresentazioni greche più antiche della Gorgone (come riduzione tettonica del tipo che sorregge gli animali) erano usate, quindi, con ogni probabilità, analogamente ai tipi rodii, come ornamento di un bottone metallico regolare e tondeggiante. Anche qui, come nell'Artemide asiatica, il ruolo mediatore spettò all'arte dei Telchini; anche qui, come nell'Artemide asiatica, l'uso tettonico si alleggerì nell'importazione greca. Ma, mentre l'Artemide asiatica non fu accettata nell'ambito dell'arte greca, la testa o il bottone della Gorgone subì, per mano della fantasia poetica in cerca di una motivazione per distaccarla dal corpo, un approfondimento posteriore nel mito del Γοργείη χεφαλή (testa della Gorgone), della uccisione di Perseo eccetera. Proprio come il mito tebano del mostro dell'indovinello pericoloso sorse dalla figura della Sfinge, in ogni caso originariamente ornamentale; così dalla testa della Gorgone si inventò una figura e dalla figura una storia. Ciò che la mano insensibile asiatica, per praticità, taglia grossolanamente, il senso organico greco riassembla in modo originale.

Poiché in Omero abbiamo, da una parte, un uso ancora puramente ornamentale della Gorgone e, dall'altra, un accenno alla formazione mitologica, anche se parzialmente efficace, è giusto supporre che la concezione mitica originaria e l'animazione di quel tipo di maschera avvennero proprio nell'età della suprema produzione poetica, da cui sono scaturite queste poesie. Se è vero che, in base al famoso detto, Omero diede gli dèi ai greci, lo è altrettanto che diede loro anche la Gorgone. Perché l'impulso creativo e formalmente ideale del popolo greco si annodava non solo alla natura, ma anche all'arte. Si deve, quindi, conferire maggiore spazio nella mitologia greca a questo punto di vista di quanto non sia accaduto finora.

Da tutto questo si comprende con quali semplici mezzi l'arte epica greca lavorò nella sua epoca migliore; l'esagerazione fantastica era assente. "Il pennacchio terribilmente ammiccante" e la "Gorgone dallo sguardo terribile" sono concetti paralleli; l'allestimento bellico, nelle sue singole parti, acquista vita grazie al poeta; ammicca, guarda, combatte con i suoi eroi. Se dicessimo, invece di "sguardo terribile", "brillantezza terribile", non mancheremmo di molto il bersaglio; il bagliore luccicante del metallo ottiene espressione poetica e accresce l'effetto epico, se immaginato come punto nevralgico e dèmone centrale della contesa. Non va misconosciuto il tatto del poeta genuino, capace di stringerci il cuore e di insistere con semplice naturalezza. Da qui alla terribile figura realistica con i capelli da serpente e i denti digrignanti, il cammino non è molto lungo; a testimonianza della moderazione del più grande di tutti i poeti, che non compie il passo, ma lo lascia compiere all'immaginazione dell'udito. Proprio questa riservatezza esercita quel fascino particolare che manca nelle opere di poeti posteriori, come Esiodo. Perché la sua descrizione della Gorgone travalica la semplicità omerica; alla testa già fornita di ingrediente epico vi aggiunge il mito rimanente. Possiamo aggiungere ulteriori considerazione sulla diversità della concezione poetica di questo tipo curioso, ma qui non è il luogo adatto.

È chiaro che si sorreggono e si rafforzano reciprocamente tutti quei motivi che accennano più o meno direttamente all'origine asiatico-minore del tipo greco più antico della Gorgone. Siamo autorizzati a fare l'asserzione più che ipotetica che la Gorgone appartenga a quei tipi che, introdotti in Grecia dall'arte straniera, vi accettò un contenuto mitico attraverso quella fantasia popolare capace di dar vita a qualsiasi oggetto. Una conoscenza più precisa dei monumenti arcaici dell'Asia minore, auspicabile in futuro, potrebbe confermarlo e potrebbe fornirci anche una datazione precisa della sua importazione, presumibilmente l'VIII-VII secolo a.C.

In ogni caso, il significato originariamente asiatico del tipo della Gorgone che sorregge gli animali (su cui abbiamo evitato di inoltrarci, dato che ci interessa solo il tipo artistico), sparì del tutto con la creazione del suo mito greco; con la figura mutò anche il contenuto. La Gorgone divenne, innanzitutto, un'immagine mostruosa; più tardi aumentarono gli influssi di natura simbolica e l'immagine mostruosa divenne caratteristica della nuvola temporalesca minacciosa; che portò con sé altre immagini: le sorelle Gorgoni[20]. Seguiremo in un'altra occasione le singole fasi del processo creativo del mito. Per ora basti dire con sicurezza che l'etimologia del nome Gorgone, stando a Μορμώ (Mormò)[21] e a espressioni simili, indica il sentimento e la personificazione del mostruoso nel legame tra quella maschera e la idea di una nuvola temporalesca. Al pomello scintillante dello scudo corrisponde la nuvola temporalesca, da cui prorompe il fulmine; essa si considererà, d'altra parte, lo scudo, l'egida di Zeus. I riccioli e le mani ferree ascritti alla Gorgone[22], come risulta anche da altre indubbie espressioni[23], vanno quindi presi alla lettera. La sua rappresentazione precedente nel ritrovamento metallico a sbalzo suggeriva questa finzione poetica; le consuetudini belligeranti di un'epoca eroica le conservano. Forse si potrebbe facilitare la comprensione di questo genere di attività creativa mitica fantastica ricordando che, per esempio, Eschilo paragona la freccia scoccata dall'arco a un serpente alato bianco[24]; indicazione ardita, ma corretta, che va paragonata per vivida chiarezza all'uso poetico della maschera della Gorgone.

Anche i legami indubbiamente presenti della Gorgone con la luna scaturiscono dalla comparazione con quella maschera dal viso circolare; ma, viceversa, la luna non fu utilizzata per illustrare quella maschera. Perché una simbologia della natura che cerca una

---

[20] Cfr. W.H. Roscher, *Die Gorgonen und Verwandtes. Eine Vorarbeit zu einem Handbuch der griechischen Mythologie vom vergleichenden Standpunkt*, Leipzig, Teubner, 1879.

[21] Cfr. W. Pape, G.E. Benseler, *Wörterbuch der griechischen Eigennamen*, Braunschweig, Vieweg, 1875, *sub voce.* – Theocr. 15, 40.

[22] Apollodor 2, 4, 2; 2, 7, 3.

[23] Paus. 8, 47, 4.

[24] Eum. 181.

rappresentazione diretta dei fenomeni cosmici, era completamente distante dal senso greco[25].

Questo è solo un accenno; per ora basti aver indicato in generale la direzione in cui bisogna cercare la patria, così come il punto iniziale del tipo e del mito greco della Gorgone.

Infine, va osservato che, sin dall'inizio, si può osservare in questo tipo un proprio carattere tettonico e ornamentale fino agli ultimi prodotti dell'arte greca; questo va riconosciuto anche a una della migliori rappresentazioni in nostro possesso dell'età successiva: la Medusa Rondanini. Anche qui la Gorgone appare simile all'Artemide asiatica, benché così diverso sia il percorso evolutivo dei due tipi nella storia dell'arte. Entrambe condividono il destino di tutti gli altri tipi artistici importati dall'Asia: non ottennero una vita liberamente autonoma nell'arte greca. E proprio a quei tipi che riuscirono a realizzare una certa idealità individuale, restò sempre impresso, come segno dell'origine straniera, l'espressione di una certe freddezza di cuore, che conferì al loro essere un che di inquietante; la Medusa Rondanini ne è la dimostrazione. Quindi, il significato della testa della Gorgone va considerato anche in questo caso *Apotropaion*.

Il demonico e il rovinoso che alberga sempre in quelle formazioni, è tradizionalmente contrario al senso gaio e luminoso di casa fra i greci; la loro superiore forza artistica non bastò a scacciare del tutto l'oscuro spirito asiatico. Il mito dell'azione pietrificante della testa di Medusa è l'espressione poetica di una reazione del sentimento artistico vitale greco alla coercizione della maschera immobile tramandata da tempo immemorabile.

---

[25] Cfr. Roscher, *op. cit.*, pp. 5-10.

Sguardo retrospettivo

Dopo aver descritto gli antecedenti, sarebbe giusto occuparci dell'ulteriore sviluppo del tipo della Gorgone, specialmente dell'origine del suo attributo delle ali. Ma lo spazio a nostra disposizione non ci consente di andare oltre; sarà, quindi, compito di una ricerca futura rispondere a quell'interrogativo. Noi abbiamo trattato specificamente lo stadio più antico del tipo artistico della Gorgone, perché la sua forma si lega direttamente al tipo dell'Artemide asiatica. Abbiamo notato che, nell'attributo delle ali, l'Artemide asiatica si distingue dalla Gorgone, poiché appartengono a differenti stadi evolutivi che caratterizzarono il motivo artistico in Grecia. La differenza basilare e fondamentale la discuteremo più sommariamente di quanto auspicabile, per aprire uno spiraglio sull'eventuale prosecuzione futura del nostro tema.

Un filo conduttore particolare è emerso nel corso del nostro lavoro: le figure alate più remote importate in Grecia (la Sfinge, il Grifone, le Arpie ecc.) non vanno considerate tipi artistici autoctoni e, quindi, non importa il modo e il luogo in cui si manifestò inizialmente il motivo delle ali. Partendo da ciò, abbiamo osservato che una vita originariamente artistica non spettò a quelle figure in Grecia, ma che esse, come in Asia, vanno piuttosto considerate formule utilizzabili tettonicamente, non termini flessibili del linguaggio artistico. Tutto questo era confermato dalla loro forma espressiva totalmente animale e dal contenuto mitico mai ottenuto o solo successivo a una fecondazione poetica. Esse potevano e dovevano essere trattate solo sommariamente. Diversamente stanno le cose per l'Artemide asiatica. Essa è un tipo umano, una dèa e, per quanto mezza-straniera, sicuramente di carattere originariamente mitico; inoltre, è una delle figure alate artistiche arcaiche di cui la tradizione letteraria dei greci ci dia notizia. Per tutte queste ragioni, il suo tipo artistico sembra adatto a una trattazione esaustiva da un punto di vista monumentale e storico; il numero sproporzionatamente angusto dei monumenti che le rappresentavano, ha facilitato il nostro procedimento e ci ha posto nella condizione di seguire le diverse fasi del suo percorso evolutivo artistico, geografico e cronologico, dall'ambito asiatico a quello greco. Il suo esempio illustra in modo convincente come questi tipi sia stati introdotti in Grecia in modo graduale e legittimo, formalmente e materialmente parlando. L'arte dei Telchini si dimostrò di particolare interesse in tali processi; essa, non essendo ancora sorretta da alcuna prova monumentale, è stata descritta dettagliatamente e ha fatto emergere alcuni nessi con le tradizioni più antiche, monumentali come letterarie, riconducibili all'arte greca arcaica. L'esito conclusivo della nostra ricerca è che l'Artemide asiatica del tipo alato umano più antico presente nell'arte greca non è un'invenzione greca, ma asiatica, e che, quindi, anche il suo attributo delle ali fu originato non dalla fantasia greca, ma dalla simbologia asiatica.

Di contro, l'archetipo asiatico alla base della Gorgone non era alato; fu, invece, artisticamente tramandato ai greci del tutto privo di ali, in forma ridotta, e fu poeticamente rappresento in questo modo da Omero. Ma le Gorgoni sono alate in un monumento relativamente antico come l'arca di Cipselo; quindi, le prime ali delle Gorgoni devono risalire all'epoca compresa fra Omero e la nascita di quell'opera d'arte, cioè fra l'VIII il VI secolo a.C. Per questo motivo, il tipo si accordò – e il suo nuovo aspetto esteriore va sottolineato – con la fantasia poetica passata e successiva; che deve aver prestato alle Gorgoni innanzitutto le ali, poi trasmesse retroattivamente all'ambito artistico. È chiaro che qui abbiamo a che fare con un influsso decisamente diverso rispetto alle ali. In effetti, deve aver contribuito all'innovazione la reminiscenza del tipo dell'Artemide asiatica, affine alla Gorgone per altri versi, e l'impressione sensibile di quei tipi alati antichi animali già noti; nel caso specifico, come detto, non può essere discusso il problema del ruolo importante assunto dall'influsso mitico. Ma possiamo affermare che la Gorgone e le sue sorelle vanno considerate le figure alate più antiche di invenzione geograficamente greca. Se la sua figura abituale, per lo meno quella principale, non è deducibile dall'arte asiatica, le Gorgoni assumono una posizione intermedia tra gli animali alati e l'Artemide, da una parte, e le figure alate di Eros Nike ecc., sorte successivamente per mano della libera forza artistica creativa, dall'altra. La loro figura appartiene in parte alla tradizione straniera, ma le loro ali sono assolutamente un'invenzione autoctona. Quindi, esse vanno ritenute esseri liberi e indipendenti nell'ambito delle rappresentazioni artistiche mitiche. Per formazione del tipo artistico, si oppongono completamente agli animali alati: come in quelli, la figura, cioè la figura successivamente alata, si è sviluppata partendo dal mito. Di contro, l'Artemide asiatica, che aveva tradizionalmente un carattere mitico personale, anche se priva di un carattere prestabilito e consapevolmente tramandato dai greci, non ebbe in Grecia né una diffusione artistica, né mitica del suo tipo. Trovandosi fra la Gorgone e gli animali alati, nel prosieguo evolutivo di quei tre tipi bisogna osservare un aumento graduale del contenuto mitico. La Gorgone, infine, ci porta a una seconda categoria di esseri alati greci: quelli mitico-concettuali, come Deimos e Fobo, Eris eccetera, di origine puramente concettuale e che solo in seguito hanno ottenuto un contenuto mitico.

Partendo dalle figure alate dell'arca di Cipselo, abbiamo dimostrato che tutti i tipi più antichi dell'arte greca, per invenzione e struttura formale, giunsero del tutto o in parte dall'Asia, in particolare dall'Asia minore. L'influsso fenicio non è dimostrabile; l'arte parzialmente straniera di Rodi, quella prevalentemente autoctona di Melo mediarono la trasmissione. L'ingresso di numerose figure alate si deve, quindi, alla cerchia corinzia, cioè alla tendenza asiatizzante, dominante nel VI secolo a. C. La tesi di Otfried Müller, secondo cui le figure alate doppie "si basano del tutto sull'idea nazionale"[1], sembrerebbe convincente. Non la fantasia scatenata, ma la tradizione figurativa, mediata dalla visione sensibile diretta, creò inizialmente gli esseri alati arcaici e pose le basi per l'utilizzo del motivo delle ali nelle figure artistiche successive.

In tal senso, abbiamo analizzato il periodo evolutivo più antico. Per ora ci è bastato descrivere l'apparizione iniziale di quel motivo in generale e nello specifico, utilizzando il risultato teorico ottenuto nel caso dell'Artemide asiatica. Un tale procedimento può essere il primo passo verso una ricerca particolareggiata di

---

[1] Müller, *Archäologie der Kunst*, cit., § 334, 1; 2.

tutte le figure alate dell'arte greca. Ma è indispensabile un orientamento generale sulle tendenze e sugli influssi artistici diversi e contrastanti come base di una ricerca particolare – se non intende essere troppo generica. Vale per lo meno la pena di marcare il terreno. È vero, peraltro, che il percorso del lavoro scientifico conduce solitamente dall'analisi alla sintesi; ma è anche vero che talvolta va imboccato il percorso opposto per poter rispondere adeguatamente a certi interrogativi. Noi crediamo di aver indicato che un metodo del genere può condurre pur sempre a risultati oggettivi e affidabili; e sarà compito di una critica imparziale confutare o confermare la nostra tesi.

Ovviamente, non è escluso che, nelle singole ricerche successive, i contorni generali subiranno alcuni spostamenti; ma questo non dovrebbe essere un buon motivo per evitare un lavoro preparatorio. Oltretutto, bisogna puntare a una continua eliminazione degli errori. Non va dimenticato che la semplice forma artistica è anche un fatto; un fatto storico come un altro. Nella storia dell'arte esistono alcune linee trasversali evolutive, la cui presenza è stata, forse, sottovalutata. Un fitto tessuto deve consistere di ordito e trama; da soli non creano un tessuto durevole. E poiché non possiamo aspettarci l'uso dell'uno finché l'altra non sarà del tutto liquidata, non ci resta che il legame reciproco fra metodo analitico e metodo sintetico, che si condizionano e si rafforzano a vicenda.

Rispetto a quanto abbiamo detto finora, è forse giunto il momento di gettare uno sguardo sulle figure alate dell'arte greca più tarda. La differenza essenziale rispetto ai tipi alati arcaici consiste nel fatto che quelle arcaiche sono rappresentate inorganicamente, e per lo più tettonicamente, mentre quelle tarde sono rappresentate organicamente e liberamente. In tal senso, muta anche la forma precedente, schematicamente ricurva: si nobilita in una forma viva, naturalisticamente creata. E, quindi, si realizza anche il legame delle ali con tutto il corpo. Se, in precedenza, le ali sembravano solo attaccate e, in modo asiatico, occupavano quasi la posizione di un nimbo che doveva rammentare il carattere divino e demonico, in seguito diventano arti realmente funzionanti. Un esempio appropriato è il cambiamento fra il tipo del centauro più antico e quello più tardo;

anche qui l'essere doppio assemblato originariamente in modo puramente esteriore si trasforma in un'unità vitale organica.

Che gli esseri alati più tardi, rispetto a quelli anteriori in parte mitici e in parte mitico-concettuali, siano di un genere più concettuale e attributivo, si spiega in base all'andamento dello sviluppo culturale generale del popolo greco. La riproduzione e l'uso disinvolto di singoli tipi (come Eros) testimoniano l'esaurimento della forza creativa artistica individuale. Dal serio e dal terribile si passa al grazioso e all'amoreggiante: a Gorgone e a Eris seguono Eros, Nike e lo sciame di erotini. Non è un caso che le numerose figure alate concettuali dell'età più tarda appartengano all'arte alessandrina; esse, infatti, prosperano essenzialmente sul suolo orientale. L'antico mezzo artistico vi poté essere rianimato facilmente. Anche l'Asia minore, che trasmise ai greci le figure alate più antiche, torna in primo piano; i giganti alati del grande altare di Pergamo, così come altri strani tipi di quest'opera d'arte (come la figura dalla testa leonina), riproducono gli stessi elementi dell'arte dell'Asia minore più antica già apparsi a Camiro e sull'arca di Cipselo. Anche qui lo sviluppo ritorna su se stesso.

In generale, nell'arte greca, come abbiamo dimostrato all'inizio del nostro lavoro nell'ambito del mito, possiamo individuare tre stadi di attributo delle ali: 1) l'assunzione di tutte le figure alate dall'Oriente; 2) la facoltà di attribuire le ali a figure mitiche o tipico-artistiche già esistenti; 3) la creazione di nuove figure alate concettuali. Quanto più l'arte e la poesia greca si distanziò dal nobile realismo dell'età omerica, tanto più astratti, tanto più privi di contenuto, tanto più vuoti divennero i tipi di nuova creazione. I prodotti fantastici dell'Oriente, gli esseri alati di natura simbolica, e quindi solitamente privi di vita artistica, finiscono per emarginare i prodotti semplici e plasticamente sentiti dello spirito puramente greco.

Anche il nostro problema evidenzia il grande e inestirpabile contrasto tra Oriente e Occidente; benché entrambe le visioni del mondo, proprio come nel caso degli esseri alati greci, tendano a toccarsi anche solo cronologicamente, una loro unione essenziale resta impossibile. La concezione ariana-occidentale si contrappone alla concezione semitica-orientale; caratteristica della prima è la totale assenza di figure alate nella mitologia più antica degli Indiani, dei Greci e dei popoli nordici. Se, tuttavia, i tipi alati asiatici, per diversi motivi, giungono in Grecia attraverso l'Asia minore, tutto ciò è paragonabile all'ingresso nel tempio greco dell'architettura lignea, anch'essa originaria dell'Asia minore. Ma, come l'architettura greca resta essenzialmente autoctona e subisce l'influsso asiatico solo nelle forme decorative, così anche le figure alate, nell'arte figurativa greca come nel mito, restano sempre esseri decorativi di fronte agli dèi omerici costruttivi. Ma sono, tuttavia, essenzialmente separati: uno Zeus alato è impossibile nell'arte greca, così come un Eros privo di ali. Proprio al chiarimento di tale aspetto era diretta la nostra ricerca; se ci è riuscita, abbiamo raggiunto il nostro scopo.

Oltre che nel mito e nella poesia, abbiamo ricostruito il percorso nell'arte figurativa greca. All'inizio, quando la forza plastica non era ancora sufficientemente forte, dominavano le figure alate; esse diminuirono o sparirono nella fioritura, quando la forza plastica era all'apogeo della sua forza; ma sorsero nuovamente a dismisura durante la decadenza, quando la forza plastica si era intorpidita. Ma che l'arte greca poté rafforzarsi a sufficienza da sbarazzarsi dei vincoli stranieri, che divenne autonoma e non, come quella etrusca, semplicemente imitativa o dogmatizzante, lo si deve alla forza artistica vittoriosa che alberga dentro di essa. Finché quella forza fu presente, gli elementi decorativi, la cui più crassa espressione sono i cosiddetti vasi di Corinto, dovettero fare un passo indietro. Possiamo considerare, quindi, il mito della vittoria di Perseo sulla Gorgone (riferendoci proprio a un tipo originariamente orientale) come l'immagine poetica della vittoria dello spirito plastico e poetico greco sullo spirito fantastico e speculativo orientale.

Se abbiamo stabilito che tutte le figure alate, contraddicendo la realtà, appartengono all'ambito puramente ideale dell'arte; tale espressione va limitata al fatto che esprimono il lato qualitativamente inferiore dell'ambito artistico ideale. Le ali sono un'aggiunta ideale di natura puramente esteriore. Devono attecchire, quindi, come mezzo artistico inferiore rispetto all'idealizzazione spirituale interiore della figura umana o animale. Quel genere di idealizzazione è utilizzato nei tipi artisticamente superiori, mentre l'altro in quelli più infimi; l'uno è greco, l'altro è asiatico per origine e carattere.

Non si riesce mai a sostituire l'alto valore del proprio sentimento interiore attraverso qualche effetto esterno; perché la forza realmente artistica agisce dall'interiorità all'esteriorità, e non viceversa. Se, tuttavia, intende battere un'altra strada, decade inevitabilmente a modello. Questo avviene soprattutto negli animali alati asiatici, che mostrano un carattere puramente dogmatico e, come qualsiasi altro dogma, si sono preservati dall'Oriente antico sino all'epoca successiva, con la mediazione greca. Grifoni e Sfingi non sono ancora presenti nel corso artistico; lo resteranno solo provvisoriamente. Perché non ci fu sempre bisogno di qualche formula prestabilita, adatta unicamente ad arginare o a domare l'arbitrio individuale; in senso ornamentale, ciò avvenne creando soprattutto gli animali alati. Ma questi elementi rigidi e, allo stesso tempo, decorativi, fantastici e, allo stesso tempo, esanimi, non poterono dominare l'arte greca, come avvenne in quella asiatica (egizia e assira). Se osserviamo come l'arte asiatica oscilli sempre tra sobrietà ed esuberanza; e se osserviamo come attraverso il convenzionalismo allegorico-simbolico dominante venga meno e muoia quell'idealità superiore che rappresenta il centro e l'apice di ogni vera arte; ecco che abbiamo tentato di confrontare l'arte costruttiva greca con quella distruttiva asiatica.

La lettera uccide, lo spirito vivifica.

Allegoria del demonico

La contrapposizione irriducibile fra Occidente e Oriente

> Il mito dell'azione pietrificante della testa di Medusa è l'espressione poetica di una reazione del sentimento artistico vitale greco alla coercizione della maschera immobile tramandata da tempo immemorabile.
>
> A.J. Langbehn, *Figure alate nell'arte greca arcaica* (1881)

> La civiltà consiste veramente nell'inserire con devozione, con spirito ordinatore, e, vorrei dire, con intento propiziatore, i mostri della notte nel culto degli dèi.
>
> T. Mann, *Doctor Faustus* (1947)

Flügelgestalten der ältesten griechischen Kunst è uno studio che non ebbe particolare eco accademico o pubblicistico[1]. Se si eccettuano un paio di recensioni (tutt'altro che approfondite)[2], l'opera archeologica prima (e ultima) di Langbehn cadde nel

---

[1] Curiosamente la voce *Genien* (Geni) del *Meyers Konversationslexikon* (VII, 1889, p 101) riporta in bibliografia lo studio accademico di Langbehn. Cfr. inoltre E.R. Goodenough, *Jewish Symbols in the Greco-Roman Period. Pagan Symbols in Judaism*, Princeton (New Jersey), Princeton University Press 1958, p. 139.

[2] C. Bursian, *Recensione di "Flügelgestalten der ältesten griechischen Kunst"*, "Literarisches Centralblatt für Deutschland", 28, 8 luglio 1882, p. 940; A. Preuner, *Berichte über die auf die griechische und römische Mythologie bezügliche Litteratur der Jahre 1876-1883*, 3. Teil: *Ägyptische und semitische Elemente in der griechischen Mythologie*, "Jahresbericht über die Fortschritte der classischen Alterthumswissenschaft", XXV, 1891, pp. 57-59.

dimenticatoio della storia bibliografica. Alcuni studi dedicati alle figure mostruose giunte in Grecia dal Vicino Oriente citano il suo lavoro preparatorio[3], ma nessuno si concentra sulla tesi sostenuta (che ora cercheremo di delineare). Sorgono spontanei alcuni interrogativi: il lavoro non era particolarmente meritevole di essere approfondito? Era poco innovativo e "filologicamente" debole, come sosteneva Bursian? Diceva cose piuttosto banali e scontate all'epoca? Oppure non fu capito del tutto? Il lavoro di Langbehn non è solo il frutto dell'archeologia "filologica" di fine Ottocento, ben rappresentata dal suo maestro Heinrich Brunn. È una sintesi di un comune sentire dell'epoca: proprio perché non "accademico" di professione (e di vocazione), Langbehn ha saputo magistralmente sintetizzare le basi nazionalistiche della *Bildung* tedesca guglielmina: 1) la libertà entro la tradizione; 2) il rigetto del "semitismo"; 3) il legame con la Grecia omerica; 4) il bisogno di "regolarità". Non è un caso che l'allievo di Brunn, borsista l'anno successivo all'Istituto archeologico tedesco di Roma[4], abbia poi deciso di abbandonare l'archeologia greca e la vita accademica per interessarsi dell'archeologia germanica, sintetizzata al meglio in *Rembrandt als Erzieher* (Rembrandt come educatore, 1890).

Come abbiamo dimostrato in una precedente occasione[5], l'archeologia classica di fine Ottocento era andata incontro a un

---

[3] Cfr. E. Oberhummer, *Phönizier in Akarnanien*, München, Ackermann, 1882; C. Smith, *Harpies in Greek Art*, "The Journal of Hellenic Studies", XIII, 1892-1893, pp. 103-114; F. Studniczka, *Die Siegesgöttin. Entwurf der Geschichte einer antiken Ideealgestalten*, Akademische Antrittsrede gehalten am 16. Januar 1898 im Skioption-Universität Leipzig in erweiteter Bearbeitung, Leipzig, Teubner, 1898; C. Waldstein, J.C. Hoppin, *Terra-Cotta Relifes from the Argive Heraeum*, "America Journal of Archaeology", II, 3-4, maggio-agosto 1898, pp. 173-186; D.G. Hogarth, *The Zakro Sealings*, "The Journal of Hellenic Studies", XXII, 1902, pp. 76-93; C.D. Curtis, *The Bernardini Tomb*, "Memories of the American Academy in Rome", 3, 1919, pp. 9-90

[4] Cfr. "Archäologische Zeitung", XL, 1883, p. 94; "Deutsche Literaturzeitung", II, 27, 1881, pp. 1092.

[5] Sul "paradigma" dell'archeologia classica ottocentesca si confrontino, oltre al mio capitolo in *Apoteosi della germanicità* (pp. 27 ss.), i seguenti lavori: R. Bianchi Bandinelli, *Introduzione all'archeologia classica come storia dell'arte antica*, Roma-Bari, Laterza, 1976; S.L. Marchand, *Dawn from Olympus. Archaeology and Philohellenism in*

143

processo di progressiva storicizzazione, che l'aveva trasformata da semplice storia dell'arte antica in storia delle forme artistiche antiche. La ricerca dell'archetipo e del "tipo" era andata a scapito della singolarità dell'opera d'arte, ritenuta unicamente lo strumento per rielaborare l'originale. L'archeologia classica era divenuta una vera e propria filosofia e storia della percezione estetica e, di conseguenza, si era storicizzata e relativizzata: ciò che contava veramente era individuare i tipi originali sulla base della percezione estetica di un determinato popolo. L'individuazione di stadi evolutivi dell'arte andava di pari passo con la comparazione delle civiltà antiche che, ovviamente, non erano poste sullo stesso piano. L'archeologia classica tedesca, nel caso specifico, poteva e, in alcuni casi, diede vita a una tendenza chiaramente nazionalistica che non solo creava un legame storico-culturale fra la classicità greco-romana e la germanicità, ma, sulla scorta del positivismo scientifico, tendeva a creare griglie valoriali ben precise entro cui collocare le differenti culture. In cima era posta, ovviamente, la civiltà "indo-ariana" creativa, solare e naturale (vedi anche la percezione del "nudo"). Il lavoro di Langbehn è, da questo punto di vista, paradigmatico dell'archeologia classica tedesca della sua epoca: per quanto "marginale" e "unico", lo studio sulle figure alate nell'arte greca arcaica rivela sia un passaggio storico-epocale (la crisi della Germania rurale, l'avvento dell'industrializzazione, la prevalenza della "società" sulla "comunità"), sia una dicotomia pericolosa quanto inevitabile: quella tra naturalità e artificiosità.

In breve, il lavoro di Langbehn cerca di ricostruire l'archetipo della figura alata nell'arte greca arcaica attraverso una comparazione tra le fonti scritte e i reperti archeologici (anche se la preponderanza dei monumenti è evidente). Di particolare importanza è il distinguo iniziale tra esseri mitici, mitico-concettuali e concettuali, perché consente al lettore di comprendere il retroterra culturale dell'autore e l'inevitabile predilezione per i primi (più arcaici) a scapito degli altri. Gli esseri mitici sono quelli derivanti direttamente dal mito greco e si

Germany, 1750-1970, Princeton (New Jersey), Princeton University Press, 1996; M. Bernal, *Atena nera. Le radici afroasiatiche della civiltà classica*, traduzione di L. Fontana, Milano, Il Saggiatore, 2011.

dividono in divinità, demoni e mostri. I secondi derivano, invece, dalla fantasia e hanno poi assunto un carattere mitico e concettuale in terra greca. Gli ultimi, invece, sono il prodotto di un'astrazione intellettuale. Mito, fantasia e intelletto: le ali competono solo ai mostri mitologici, agli esseri fantastici e a quelli concettuali. Gli dèi, salvo il caso di Artemide (nella sua variante asiatica, analizzata in un lungo apposito capitolo), ne sono privi. Non conta, però, il semplice attributo delle ali, ma anche il suo uso. In altre parole, le ali possono essere un attributo fisso, decorativo, cioè sono il simbolo di qualcosa, oppure servire a volare, cioè hanno una funzione organica e "naturale". L'attribuzione delle ali e l'uso dell'attributo evidenziano la differenza formale e sostanziale tra l'arte (e la "natura") greca (poetica) e quella orientale (concettuale), meglio esemplificata dalla produzione assira e sumera. Il lavoro di Langbehn tenterà letteralmente di inseguire lo spostamento (la "diffusione", come lui stesso ammette) del tipo artistico dall'Oriente mesopotamico sino in Grecia, con la mediazione dell'Asia Minore e di Rodi, spingendosi sino all'Etruria, presso un'etnia ritenuta di origine asiatico-minore.

Dopo la premessa, Langbehn indaga la presenza dell'attributo delle ali (*Beflügelung*) nella poesia e nell'arte greca arcaica. Si sposta, in secondo luogo, in Asia per cercare la genesi e l'uso dell'attributo. Analizza, in terzo luogo, gli animali alati. Si concentra poi sull'Artemide alata (asiatica, arcaica e tarda). Dedica, in quinto luogo, spazio alla Gorgone (vero simbolo dell'ingresso delle ali nell'arte greca). Infine, conclude la sua disamina geografica, storica e artistica soffermandosi sulle differenze basilari tra le diverse civiltà. Le figure alate più antiche giunte in Grecia (Sfinge, Grifone, Arpie) non sono considerabili tipi artistici autoctoni: prive di una vita originariamente artistica, esse vanno considerate formule tettoniche e decorative che conservarono la forma animale e assunsero contenuto mitico solo grazie alla fecondazione poetica. L'Artemide alata, il tipo alato umano più antico presente nell'arte greca, non è un'invenzione autoctona ma asiatica; quindi l'attributo delle ali deriva dalla simbologia asiatica. Le Gorgoni, prodotte da un archetipo asiatico, assumono le ali nell'arte greca successiva, anche perché i greci ne creeranno un nuovo mito. Occupano, quindi, una posizione intermedia tra gli animali alati e l'Artemide alata: la figura alata della Gorgone si è sviluppata da un mito autoctono greco, che l'ha trasformata poi nell'avversaria di Perseo (reminiscenza dell'origine asiatica della sua figura). Le figure alate tarde vanno incontro a un processo di "naturalizzazione", appaiono cioè come arti realmente funzionanti, pur abbandonando la sfera reale a favore di quella ideale. Gli stadi dell'attributo delle ali nell'arte greca furono sostanzialmente tre: l'assunzione di tutte le figure alate dall'Oriente, la facoltà di attribuire le ali a figure mitiche o tipico-artistiche già esistenti, la creazione di nuove figure alate concettuali.

Quanto più l'arte e la poesia greca si distanziò dal nobile realismo dell'età omerica, tanto più astratti, tanto più privi di contenuto, tanto più vuoti divennero i tipi di nuova creazione. I prodotti fantastici dell'Oriente, gli esseri alati di natura simbolica, e quindi solitamente privi di vita artistica, finiscono per emarginare i prodotti semplici e plasticamente sentiti dello spirito puramente greco[6].

L'arte arcaica racchiude, quindi, il nucleo più profondo dell'arte di un popolo. Le figure alate dominano in presenza di una scarsa forza plastica. Gli animali alati asiatici, che mostrano un carattere puramente dogmatico, sono il tentativo di arginare o domare l'arbitrio individuale. Il mito della vittoria di Perseo sulla Gorgone è l'immagine poetica dello spirito plastico e poetico greco su quello fantastico e speculativo orientale:

La concezione ariana-occidentale si contrappone alla concezione semitica-orientale; caratteristica della prima è la totale assenza di figure alate nella mitologia più antica degli Indiani, dei Greci e dei popoli nordici[7].

La conclusione del libro riporta alla mente inquietanti confronti con la cosiddetta "archeologia ariana" di nazistica

[6] Cfr. *supra*, p. 150.
[7] Cfr. *ibidem.*

memoria[8]. Ma è bene tentare di capire quale sia stato l'uso del termine nell'economia del suo lavoro. Langbehn ritiene, infatti, che la cosiddetta arte semitica avesse potuto produrre unicamente formazioni mostruose perché distante dalla natura, schiave spiritualmente e materialmente. Ed ecco una serie di contrapposizioni: l'arte greca è vivace e fresca, quella orientale sobria e arida; l'opera d'arte greca è qualcosa, quella orientale significa qualcosa; la prima produce opere scultoree, le altre ornamentali. Tutte queste espressioni volte a denigrare l'arte e la civiltà orientali si basano sull'assunto che solo la libertà "regolata" dia risultati fecondi e creativi. Si tratta di una libertà che potremmo definire "ariana" e "occidentale", capace nell'arte omerica di un realismo senza eguali e nella fioritura di dar spazio alle migliori forze plastiche. Se la libertà produce soltanto armonia e bellezza, autenticità e veracità, la "schiavitù" è il regno della sterilità e dell'artificiosità, della retorica e della falsità. Da una parte, infatti, vi sono le figure divine antropomorfe, il coraggio di mostrarsi simili agli dèi. Dall'altra, invece, il timore reverenziale della natura, di qualcosa di oscuro e misterioso che trascende l'uomo, riflesso nelle figure mostruose e ibride. Da una parte, infatti, le ali servono a volare e non vengono in nessun caso attribuite alle principali divinità antropomorfe. Dall'altra, le ali hanno un significato simbolico e vengono attribuite a mostri o a figure ornamentali e decorative[9].

L'ottava e ultima tesi della *quaestio* di Langbehn a difesa del suo lavoro dottorale era la seguente: "Un'estetica è concepibile solo come esito conclusivo di una storia dell'arte comparata". Non sappiamo come lui abbia dipanato e difeso questa tesi. Sappiamo, però, che il suo saggio del 1881 conteneva un'impostazione larvatamente diffusionista e proponeva una lettura indo-arianeggiante dell'arte greca. Partiamo dal diffusionismo: questa teoria antropologica, che intendeva ricostruire la storia culturale

---

[8] Cfr. L. Poliakov, *Il mito ariano. Storia di un'antropologia negativa*, Milano, Rizzoli, 1976; L. Canfora, *Ideologia del classicismo*, Torino, Einaudi, 1980.
[9] Su questo tema in generale si confronti I. Baglioni (a cura di), *Monstra. Costruzione e percezione delle entità ibride e mostruose nel Mediterraneo antico*, Roma, Quasar, 2013, 2 voll.

delle società umane attraverso gli scambi intra-culturali, era particolarmente adatta a spiegare le interazioni fra le diverse civiltà anche nel mondo antico e, nel contempo, a preservarne la specificità. Il geografo Friedrich Ratzel, che proprio in quegli anni insegnava a Monaco di Baviera, pubblicò nel 1882 il suo primo volume di *Anthropogeographie* (Antropogeografia), vera summa del suo pensiero. La lettura "arianeggiante" dell'arte greca non era affatto un'intuizione di Langbehn, se è vero che la linguistica e la mitologia comparate erano diventate all'epoca ancelle dell'archeologia e, nel 1883, l'archeologo Arthur Milchhöfer, anch'egli allievo di Brunn, pubblicò il suo più noto saggio sugli *Anfänge der Kunst in Griecheland* (Inizi dell'arte in Grecia). Il lavoro di Milchhöfer intendeva portare alle estreme conseguenze la tesi di alcuni mitografi come Karl Otfried Müller ed Elard Hugo Meyer, parlando di arte e mitologia indo-germaniche in contrapposizione a quelle semitiche[10]. Se l'estetica è "materialmente" l'esito di una comparazione artistica, è anche vero che la visione sensibile crea l'oggetto: la forma prevale sempre e comunque sul contenuto, cioè ogni civiltà resta quello che è, perché il giudizio sintetico "a priori" è storicamente diverso.

Da tutto ciò che abbiamo detto si desume l'ampia portata del lavoro di Langbehn in ambito estetico. Da una parte, infatti, si trattava di un saggio di archeologia greca dedicato alle figure alate nel periodo omerico-arcaico (quello, per intenderci, di stretta competenza di Brunn). Ma, dall'altra, il primato conferito allo spirito greco su tutti gli altri faceva trapelare chiaramente uno degli esiti del determinismo geografico e del darwinismo sociale: la gerarchia delle civiltà. E non è ozioso ravvisare in questo diffusionismo archeologico non pochi elementi bio-geografici: l'esperienza paterna in una terra di confine, la difesa di un ginnasio tedesco e l'idea di rivendicare determinati territori ben si sposavano con le migrazioni greche in età antica lungo il

---

[10] C.A. Milchhöfer, *Die Anfängen der Kunst in Griechenland*, Leipzig, Teubner, 1883; E.H. Meyer, *Indogermanische Mythen*, Berlin, Reimer, 1883-1887. Più in generale si confronti S. Arvidsson, *Aryan Idols. Indo-European Mythology as Ideology and Science*, Chicago, University of Chicago Press, 2006.

Mediterraneo, alla ricerca di un proprio spazio vitale (*Lebensraum*). Le civiltà possono incontrarsi, possono persino fondersi in alcuni prodotti (come nel caso della Gorgone), ma un'unione essenziale è impossibile. Così è accaduto alle figure alate, che sono state utilizzate "alla greca" solo in determinati ambiti e sono state trasformate solo a determinate condizioni. La peculiarità della civiltà greca fu quella forza interiore capace di renderla libera e, allo stesso tempo, coerente nelle sue rappresentazioni. Laddove, invece, ha vinto l'esteriorità, ecco che fantasia e intelletto hanno preso il sopravvento sulla natura, ecco la schiavitù che ha generato i mostri, i simboli, ecco le metafore prive di vita, ecco, in una parola, un'arte incapace di "essere". Certo, stiamo parlando di produzione artistica dell'epoca greca arcaica, che Langbehn definirebbe "apollinea" in tutto e per tutto. Siamo lontani dall'apogeo e dalla decadenza, caratterizzata dallo spegnimento della forza vitale greca (cioè della sua libertà interiore ed esteriore).

Ecco che le ali non si limitano a indicare una figura meta-sensibile demonica (come i cherubini biblici), ma nascono nell'Oriente semitico come espressione di impotenza e incapacità: gli orientali ricorrono a quest'attributo decorativo col solo fine di dominare artisticamente l'oggetto (non conoscendo la vera eguaglianza che può dare solo la libertà interiore, vivono in uno stato di sottomissione e/o di dominio esteriore al despota di turno). Le ali sono l'attributo esteriore più semplice e più evidente da conferire a un oggetto artistico, quasi il simbolo di una possibile "evasione" da una realtà opprimente, che tuttavia non può aver luogo. Non a caso, le ali vengano utilizzate dai greci solo per organismi composti (mostri, esseri ibridi, ecc.), a indicazione di una natura demonica generica. Le figure alate orientali non rappresentano altro che l'eco della maestà del sovrano assoluto, capace di donare la vita e la morte ai suoi sudditi e, quindi, di regolarne anche la vita interiore. Le figure alate restano tipi, senza mai diventare individui, cioè restano simboli ricorrenti privi di una propria autonomia plastica, utilizzati spesso pleonasticamente per riempire spazi vuoti (il "vuoto" della sterilità e della schiavitù). Di qui l'inutilità di studiarne le singole raffigurazioni. L'incapacità congenita orientale di creare interiormente figure organiche ha condotto all'invenzione delle ali, vero simbolo di "impotenza artistica", applicate ai caratteri demonici, entità spesso sospese fra il mondo ctonio e quello celeste (come i mostri e gli esseri ibridi), moniti e richiami all'ordine dei sudditi. Le ali sono un'allegoria del demonico, perché finiscono per indicare la totale sottomissione umana al dio trascendente, delimitano lo spazio "sicuro" che può essere dato agli schiavi solo dalla protezione del despota (o del Dio ebraico). La civiltà greca seppe farne un uso limitato e, all'occorrenza, riuscì a vitalizzare le ali oppure a modificarne la figura in un nuovo mito (vedi la Gorgone).

Le parole conclusive sono un monito paolino dalla *Lettera ai Corinzi* (II, 3). Solo il sentimento interiore può creare vera arte, perché è quello realmente libero (una sorta di schilleriana libertà nel fenomeno). Non possiamo parlare ancora di richiamo cristiano (benché poi la figura di Langbehn sarebbe stata letta come quella di un mistico cristiano di fine secolo a seguito della sua conversione al cattolicesimo)[11], ma è chiara e netta la contrapposizione fra mondo orientale e mondo occidentale, fra mondo letterale e mondo spirituale, fra vita produttiva e vita arida, e così via. È anche chiaro come questa visione si presti a strumentalizzazioni politiche e possa giustificare la soppressione fisica di tutti coloro che alla "lettera" hanno venduto la propria "anima", cioè i filistei, gli ebrei e gli "schiavi" delle apparenze, bisognosi di qualcuno che li domini, incapaci di una "interiorità". Una volta distinti i popoli e le culture (partendo dalle lingue) in "produttivi" e "sterili", il passo verso l'eliminazione dei primi rientra nella natura delle cose. Quello che ci interessa qui, però, è il problema delle ali. In altre parole, le ali sono state solo un pretesto per giustificare la differenza tra due mondi e due civiltà? Langbehn rimpiange unicamente il mondo perduto, quel passato arcaico fatto di unità e naturalità? Le ali sono una metafora delle sue paure inconsce di perdere il contatto con la madre terra (la sua presunta schizofrenia sarebbe una prova)? Tutte queste domande rimarranno inevase, essendo noi unicamente in possesso di documenti privati adeguatamente manipolati dal suo discepolo Nissen. Resta, però, questo libro, testimonianza di un'originale e

---

[11] Vedi la nostra nota bibliografica.

inquietante visione dell'arte, ma anche l'espressione di un ardito tentativo di sintesi che oggi le materie umanistiche iperspecializzate faticano a realizzare.